NEVER STOP

NEVER STOP
－지속

2024년 짹

서문

시시포스가 되는 일

작년에 이어 올해도 무크지 〈짬〉을 발간한다. 무크지는 그 특성상 부정기적일 수밖에 없는데 9호는 연이어 발간한다는 점에서 준비 단계부터 무감해짐을 경계할 필요가 있었다. 우선 필진 구성에 있어 〈짬〉의 모토인 '부산을 터전으로 하는 젊은 작가들이 서로의 문학 활동을 진작'하는 한편, '문학인이 갖춰야 할 섬세하고 예리한 정신을 지향'한다는 측면에서 무엇보다 '젊은' 작가를 찾는 일이 시급했다.

사실, 문학이 청년들의 관심에서 멀어진 것은 어제오늘 일은 아니다. 자본주의는 청년들의 삶을 극심한 경쟁으로 내몬다. 말할 것도 없이 경제력은 이 경쟁의 승패를 좌우하는 주요한 좌표이다. 하지만 안타깝게도 문학은 경제생활에 보탬이 되지 못한다. 오히려 그럴싸한 벌이에 훼방을 놓기까지 한다. 문학을 전업의 자리에 올려놓으면 굶어 죽을 수도 있다는 뜻이다. 벼랑 끝까지 내몰린 문학은 이대로 효용가치를 잃은 것일까. 문학의 보탬은 경제력이 채울 수 없는 삶의 한 측면을 이룬다. 일테면 타자라는 거울을 통해 타자가 되거나 그늘이 되어주거나 그늘을 걷어내거나, 빈 의자를 내밀거나 함께 앉거나….

지난 호에 이어 이번 호에도 타 지역 작가와의 교류의 장을 마련했다. 축하할 일도 대문을 닫고 있으면 그 집 일일 뿐이다. 대문을 여는 순간 모두의 일이 되면서 잔치판으로 변모한다. 무크지 〈짬〉의 교류는 일렬횡대가 아니라 원형의 어깨동무다. 얼굴을 마주 보며 결의를 다지는 동지적 포지션이랄까. 함께 하는 누군가가 있다는 것만으로도 지속을 지속하게 만든다. 힘을 더한다는 측면에서 타 지역 작가들과 더 많이 교류해야 했으나 열악한 재정 등의 여러 사정으로 이번에는 대구·경북, 광주·전남의 작가들과 함께했다.

이번 호 주제 선정에 앞서 편집진은 〈청년-무크지〉의 색깔을 분명하게 드러낼 수 있도록 청년 감성을 공유하는 방향으로 키워드를 살폈다. 그 결과 '메신저', '처음', '자유', '지속', '진화', '갓생', '돌봄', '비상', '숏폼'을 비롯한 총 아홉 개의 키워드가 모였다. 편집위원들이 이유와 함께 제시한 키워드는 하나같이 글감으로서의 파장을 품고 있어 이 자리를 빌려 제시 이유를 공유한다. '메신저'는 불통의 시대, 소통창구의 역할로서, '처음'은 과거(추억), 현재(실천), 미래(계획, 가능성)를 아우른다는 점에서, '자유'는 freedom이나 liberty처럼 눈부신 역사를 가진 말을 모두 포괄할 수 있는지에 대한 의문으로, '진화'는 인간이란 존재에 대한 성찰과 미래를 대하는 가치로서, '갓생'은 미래의 불안감을 떨쳐내려는 일종의 다짐으로, '돌봄'은 인간의 생리적인 문제를 해결해 주는 것을 넘어 고립을 느끼지 않게 하는 관계와 정서에 대한 사유의 측면에서, '비상'은 우리 삶을 추락시키는 듯한 비상非常 상황에 문학은 어떠한 비상飛上의 방법을 찾거나 시도할 수 있을지에 대한 물음으로, '숏폼'은 이 유행의 시대 속에서 문학은 어떻게 생존전략을 찾거나 어떠한 역할로 남을 것인지에 대해 고민해 보고자 했다. 다양한 스펙트럼을 가지고 있는 키워드들 가운데 투표를 통해 '지속'이 선정됐다.

 '지속'을 제시한 정재운 편집위원은 "지속이라는 '현재'는 '가능'과 '불가능'이라는 말과 만나 보장받거나 파괴된다. 감정의 지속, 상태의 지속, 체제의 지속 등. 지속 가능이 주는 안도와 쾌락, 지속 불가능의 고통과 불안이 반드시 참은 아니다. 그 역도 참일 수 있다. 지속 불가능만이 혁신을 낳고, 지속 가능이라는 착각이 절멸에 닿을 수도 있다."고 부연했다. 문학이 고민해야 할 지점은 이처럼 방향성이 갖는 파열음이다. 누군가는 '지속 가능'에 목숨을 걸고, 또 다른 이는 목숨을 버리기도 한다. 진시황은 삶의 무한 연장에 대한 욕망으로 불로초에 목숨을 건 인물이다. 반대로 존엄사는 숨의 지속을 거부하여 스스로 죽음의 시간을 결정한다. '지속 불가능' 역시 양면적이다. 우리는 태생적으로 '지속 불가능'한 유한 존재이기에 진시황처럼 '지속 가능'을 욕망하지만 한편으론 '지속 불가능'을 위해 투쟁한다. 2016년 겨울, 전국적으로 번졌던 촛불시위는 대통령의 권한이 지속되는 것을 멈추게 했다. 국정농단의 결과였다. 2024년 현재, 우리는 지속되는 것과 지속되어야 할 것과 지속되길 바라는 것과 지속 불가능한 것과 지속 불가능해야 할 것과 지속 불가능했으면 하는 것을 잘 구분해야 하는 안목이 필요하다. 이는 또한 문학의 오래된 화두이기도 하다.

  이번 호는 타 지역 작가들의 작품을 포함하여 시 스무 편, 소설 다섯 편, 평론 두 편으로 구성하였다. 시에서는 '추락', '열중', '혐오', '발자국', '하루하루', '자람', '고통', '존재 유무' 등의 키워드로 '지속'을 풀어내고 있다. 자기 자신을 걷게 하거나 가족을 떠나보내는 등의 개별적인 사건에서부터 전쟁이라는 국가적 사건까지, 지속되는 것들이 가진 긍·부정성을 이야기한다. 소설에서는 인간관계를 장소의 특징으로 풀어내거나 세상을 응시하는 방식을 관계로 보거나, 지속의 의무화에서 벗어날 방안을 모색하거나, 반대로 실존하는 토종 또는 잊히지 않는 것의 힘을 보여주고 있다. 평론에서는 시와 영화 속에서 다루고 있는 집이라는 공간의 지속성과 지속하는 문학의 의미를 설파하고 있다.

  편집위원들은 논의 끝에 책 제목을 'NEVER STOP'로 정했다.

표제를 추천한 이정임 편집위원은 '우리 삶은, 세계는, 멈출 수 없는(never stop) 속성 때문에 멈추거나 멈추지 않는 일을 고민하는 게 아닌가.'라고 추천 이유를 덧붙였다. 앞서 언급했듯이 인간은 유한자이기에 어떤 모습으로든 한계에 봉착한다. 존재의 소멸은 예정된 수순이며 그 같은 사실을 누구나 알기에 너도나도 창궐하는 불안에서 벗어날 수 없다. 유한한 삶은 대를 잇는 고통이다. 누군가는 사랑을, 생활을, 관계를, 종국엔 삶을 포기하기도 한다. 그러나 어떤 이는 굴러 떨어질 걸 알면서 산꼭대기로 바위를 밀어 올리기를 반복하는 시시포스(Sisyphos)가 되기를 자처한다. 문학이 대를 잇는 불안을 붙안는 이유가 여기 있다. '나 아닌 것'으로 구축된 세계는 한정 없는 욕망을 품는 불완전한 '나'에게 언제나 맞춤일 수 없는 구조를 띤다. 문학은 세계와 존재자의 이 같은 불협화음을 포착하고 직조해 낸다. 그것도 집요하게 파고들어 비틀고 뒤집는 방식으로. 그런 점에서 'NEVER STOP'은 '지속'이라는 주제로 쓰인 작품들의 얼굴이면서 무크지 〈짬〉의 행보를 포괄한다.

〈짬〉 9호에 함께 해주신 분들을 소개하자면, 시는 김미령, 김미소, 김참, 박기행, 서유, 손화영, 심규환, 원양희, 이기록, 이은주 시인이 참여해 주었다. 소설은 강나, 김동하, 오선영, 이미욱, 임곰용 소설가가 함께 했으며, 평론은 김종광, 정훈 평론가가 참여해 주었다. 덕분에 2024년도도 〈짭〉이 빛날 수 있었다. 모쪼록 멈춤 없는 생활 속에서 건필하시길 기원한다.

  마지막으로 책을 만드는 동안 느꼈던 소회를 밝히며 마무리하고자 한다. 편집위원들은 이번 호를 구성하면서 〈짭〉이 '청년-무크지'라는 것을 다시 한 번 상기할 필요성을 느꼈다. 필진이 보내온 작품을 살피면서 '청년-무크지'의 색깔과 부합하는지에 대해 거듭 의견을 나누었는데, '짭'(jab)이 '분노와 절망의 링에서 유연하게 방어와 공격으로 대처할 수 있는 기술, 그러면서도 마지막 일격을 위해 쓰고 또 써야 할 지구력의 기술'이라고 할 때, '청년-무크지'가 가진 일격은 어떤 모습이어야 하는지 고민이 필요하다고 입을 모았다. 이는 어쩌면 젊은 작가들이 문학판에 발을 들이지 않는 빌미일지도 모른다. 하여 다시 마음을 다잡는다. 〈짭〉이 우선 해야 할 일은 초심을 되새길 것, 무관심에 무심하거나 무용함의 기준을 지우거나 포즈를 거부하는 삶에 대한 생생한 경험의 장을 만들어야 한다. 끊임없이 여기에 없는 것을 이야기하고 보이지 않는 것을 붙잡고 정해진 방향을 흩트려 '일격'을 갖추어야 한다. 이로써 〈짭〉은 지속될 수 있을 것이다.

2024년

김수원

차례

서문
시시포스가 되는 일　　　　　　　　　　　006

시
김미령　　밤의 오르기 외 1편　　　　　　　017
김미소　　가시는 날 외 1편　　　　　　　　028
김　참　　축음蓄音 외 1편　　　　　　　　032
박기행　　부서진 밥 외 1편　　　　　　　　035
서　유　　나의 교부 방식과 정산 지침서 외 1편　040
손화영　　저녁이 나에게 말했다 외 1편　　　049
심규환　　내가 지은 건물에 갇혀 있다 외 1편　054
원양희　　풍동생 외 1편　　　　　　　　　062
이기록　　앨리스의 눈 외 1편　　　　　　　066
이은주　　아일란 쿠르디, 우리 모두의 아이 외 1편　071

소설

강이나	안양	083
김동하	둘만 있는 세계	115
오선영	유치보관함	144
이미욱	바라는 마음	173
임곰용	토종 씨 우보 씨	201

평론

김종광	지속하는 존재와 집의 의미	243
정 훈	글자의 운명, 문학이 남기는 흔적	259

무크지 짬 9호 작가들   275

시

밤의 오르기 외 1편

김미령

 밤에 올랐다 밤의 오르기 오르는 동안 잠시 잊고 있었네요 달의 이유 강의 이유 왜 하필 밤에 오릅니까 밤엔 스미지 밤에라야 길만 보입니다 돌의 눈뜸이 식물의 근육이 보입니다 새들이 널어 말리던 젖은 날개도 다 거둬가고 지붕은 텅 비었는데 산봉우리마다 빌딩 옥상마다 송신탑들이 불빛으로 수화를 나누는데 중턱엔 야간 경기장이 있고 그 너머엔 목장이 있고 소들은 소들끼리 저 세상의 잠을 곧 밤의 목장에 도착합니다 저기 보이는 것은 소뿔입니까 돼지의 꼬리입니까 밤의 오르기 밤에 오르기를 하면 고독의 민낯을 만날 수 있습니까 울타리 안에 모인 양들의 부푼 엉덩이 그 옆구리에 기댄 어린 양의 안전한 잠 허락됩니까 입 없는 것들의 밤의 세계에 사나흘에 한 번씩 태반을 쏟는 피비린내 나는 진창에 찬 공중으로 가축들 콧김만 날리는 고요한 목장의 밤 한국의 현대식 목축업에는 개가 활약하지 않습니다 개는 삶을 즐길 줄 아는군요 온종일 벌 나비와 놀다가 잠들었군요 송아지

송아지 얼룩송아지 엄마소는 도축장으로 가고 밤의 골상학은 골짜기를 흐르며 뼈들의 추억을 노래하고 도시의 소가죽구두들은 숯불냄새가 나는 골목을 비틀거리며 맴돕니다 오르기 밤의 오르기는 언제 끝날지 모르고 양과 소와 닭 사이에 벽과 시계와 종이 사이에 오르기 아무튼 오르기 매일의 오름이 끝나면 호수로 뛰어내리고 싶습니다 한참 만에 떠올라 말끔히 씻은 듯이 새벽의 암탉이 갓 낳은 계란을 밥에 비벼 먹고 싶습니다 참 고소하군요 현관의 신발은 축축하고

제너레이션

가게에서 막 배달을 나가는 자전거 뒤로 설탕포대가 길에 줄을 그으며 지나고 있었다.

그 옆에 서 있던 단발머리 소녀가 설탕 가루를 입가에 묻히고 웃고 있고

그녀를 힐끗 보던 배달부는 마주 오는 트럭을 피하느라 잠시 휘청거렸다.

소녀는 온종일 마을을 헤매고 다녔고 밤늦도록 놀이터에 혼자 앉아 있곤 했는데

아무도 부르러 오지 않는 그녀를 지금 내가 여기서 부른다면 잠깐 돌아볼까.

20세기를 오래 전에 지나온 것도 같은데

그 전과 후가 쪼개진 대륙처럼 무한히 멀어져 태평양 한가운데

나는 무인도처럼 남겨졌거든.

이제 뭘 하지?
손가락 하나 입에 물고

*

전날 밤 나는 식은땀을 흘리며
오! 다이아나! 제발 한번만 용서해 주세요!
다신 안 그럴게요!
다신 안 그럴게요!
두 손 모아 싹싹 빌면서 잠꼬대를 했다.
V시리즈*가 한창일 무렵이었다.

집에 오니 파마머리 덥수룩한 여자가 마루 끝에 앉아 어린 것에게 젖을 물리고 있었다.
외계인이 침공했는데 그런 모습으로 인류 멸망을 맞는 건 좀 아니잖아요?
여자에게 말하려는 걸 나는 참고 있었다.

여자는 나를 보더니 학교 마친 지가 언젠데 이제 온 거냐고 나무랐고 그때 여자 품에 있던 어린 것이 움찔 놀라더니 이내 잠잠해졌다.
마당엔 기저귀가 하얗게 말라가고 개 밥그릇 주위로 파리들이 날아다녔다.

나는 방방마다 드나들며 냉장고와 서랍을 뒤지다가 TV 앞에 앉았다.

온갖 요술차 마술봉 딱부리들이 머리 위에 별가루를 뿌려댔고 밀키스를 손에 쥐고 달콤하게 윙크하던 주윤발은 미래의 내게 은밀히 해주려던 말이 있었던 것 같았네.

이거 죄다 거짓말이야

*

운동장에 쓰러진 아이가 온몸을 비틀며 입에서 거품을 뿜고 있었다.

모두 들어가!

교실로 들어온 우리는 창문에 매달려 사태가 종료되는 걸 지켜

보았는데

   머리 위에서 해를 가리며 그늘을 만들어 주던 선생님이 아이에게 뭐라고 속삭였는진 알지 못했다.

   호두나무 넓은 이파리 사이로 성글게 빛이 내리쬐이고

   떨어진 호두열매가 여기저기 나뒹굴었다.

   텅 빈 운동장에 다리를 걸고 철봉에 매달려 있으면

   뻐드렁니 그 아이가 저만치 서 있고

   웃는 건지 찡그린 건지 모를 얼굴로 손을 내밀며 내게 호두알을 주려고 했다.

   왠지 모르게 나는 도망가듯 집으로 달려갔는데

   낯익은 개울도 지나고 교회와 마늘밭도 지났지만 집은 나오지

않았고
   그 뒤로도 나는 밤이나 낮이나 헐떡이며 달아났고

   세월이 흐른 후에도 아이는 아직도 거기 서 있는 것 같았다.
쥐고 있던 호두가 다 썩어서
   손과 함께 녹아내리면서

*

20세기의 나와 21세기의 나는 눈을 마주치지 않았다.
   누군가 먼저 피한 거겠지만

나중에 서로 돌려주게 될 얼굴 하나씩을 쥐고

*

남자와 여자는 공원에 있었다.
남자가 바짝 다가와 앉으며 옆구리를 더듬으려고 했다.
미쳤니?
여자는 남자를 세게 밀쳐버렸고 놀란 남자는…

저런 드라마 너무 뻔하지 않아?
응, 정말 구려!
그렇게 말하면서도 우린 그런 뻔한 이야기를 더 기다리고 있었다.
일어날 일은 그대로 일어나도록

일어나지 않았어도 달라지는 건 별로 없었던 우리 기쁜 젊은 날**에

*1983년 미국 SF드라마
**1987년 배창호 영화

[작가노트]

추락하는 도중에, 솟아오르는 도중에, 달려가는 도중에, 열중하는 도중에, 사방으로 흩어지는 도중에, 열렬히 좋아하고 혐오하던 도중에, 의심에 의심을 더하면서도 멈출 수 없어서 지속할 수밖에 없던 도중에, 엔진을 꺼버리는 것, 한순간 동력을 잃어버리는 것, 서서 두리번거리는 것, 머리를 긁적이는 것, 육체를 이탈한 꺼벙한 내 영혼 같은 것.

가시는 날 외 1편

김미소

　개밥 줬냐 물어보는 할머니는 시장에서 희고 통통한 개를 사 왔다고 한다 밥을 먹다 남은 밥은 개를 갖다주라고 한다 헛것이 보이는지 입이 말라 찢겨도 쉬지 않고 말하는 할머니 밤마다 가슴에 손 한번 얹어 보고 뛰는 심장을 확인하고 살았나 죽었나 백 세가 넘었다고 하면 다 놀라고 가끔은 허공에 손짓하며 뛰어노는 개를 보라 하고 앞서간 자식의 이름을 벽에 세워두고 날마다 부르는 할머니 기다리던 사람이 비처럼 올 것 같아 가시는 날 먼저 간 사람이 가만히 감은 눈을 내려다볼 것 같은 밤 죽는 사람이 많아서 눈물은 마른다는 말 마른 입술을 깨무는 밤 나 좀 집에 데려다 달라는 말 죽어야만 이곳을 벗어날 수 있는 날 가시는 날 흰 개가 무지개다리에서 마중하는 날 귀는 계속 열려 있다는 말 좋은 곳으로 가세요 속삭이면 가시는 날 까마귀 울음이 너무 환하게 느껴지는 밤

요양원

아버지가 왜 여기 계세요
요양원 복도에서 마주친 아버지는
기다리는 사람이 오지 않는다고 한다

이상하다 집에 계셔야 할
아버지가 왜 여기 계세요

눈꽃처럼 일어선 맨발로
신발을 찾아 헤매는 아버지

이상하다 나의 아버지는
이런 모습이 아닌데 이상하다
아버지가 왜 여기 계세요

자식 키워봐야 소용없다
전화 한 통 없네
한숨을 깊게 쉬는 아버지

내 방 구경시켜 줄게 같이 갈 테야 하고
그제야 내게 말을 거는 아버지

어디선가 나타나
집에 가자, 소리치는 어머니

이상하다 안개만 자욱하여
몇 개의 목소리만
발자국처럼 길을 밝힌다

[작가노트]

요양원에 근무한 지 11개월이 넘었습니다. 어린아이 울음보다 노인이 많아지는 시대를 살아가고 있습니다. 요양보호사로 일하면서 노년의 삶을 마주하게 됩니다. 돌아서면 있었던 일을 잊고 마는 어르신들에겐 어제는 없고 지금, 이 순간만 있습니다.

꿈에서 아버지를 만났습니다. 나의 아버지는 아직 노인의 모습이 아닌데 노인이 되어 서 있습니다. 머지않은 미래처럼 느껴져 묘한 기분이 들었습니다.

오늘도 집에 가겠다고 약도 밥도 먹지 않겠다는 어르신을 겨우 달래 밥을 다 먹이고 좋은 옷으로 갈아입어야 집에 갈 수 있다고 거짓말하며 식사 수발을 들었습니다. 기억조차 못 하는 어르신을 보는 일이 일상이 되었습니다. 하지만 기억 속 어딘가 사랑하는 사람에 대한 추억이 존재합니다. 앞에 있는 자식을 기억하지 못하더라도 이름만은 기억하는 어르신을 보면 멀리 계신 아버지 생각이 납니다. 자주 안부를 물어야겠습니다.

축음蓄音 외 1편

김참

　당신이 기타를 치고 나면 나도 기타를 쳤다. 내가 기타를 건네면 당신이 또 기타를 쳤다. 기타 하나 돌려가며 연주하던 시절. 언제나 봄으로 기억되는 시절. 우리가 번갈아 만들어 낸 그 음들은 모두 어디 갔을까? 공중에 투명한 파문을 만들며 둥글게 퍼지다 천천히 사그라들던 음들. 소리는 왜 한 자리에 머물지 않고 흩어져버리는 걸까. 하지만, 낡은 레코드를 꺼내 턴테이블에 올리면 소리는 거짓말처럼 되살아났다. 오래전 죽은 자들이 들려주는 오래된 연주. 청춘의 봄날, 따듯한 그 시절 생각이 나는지 악사들은 차가운 무덤 속에서도 이따금 손가락을 움직여보는 것이다.

빗방울 노래

 빗방울 또 떨어진다. 지난달에도 떨어지고 작년에도 떨어지던 빗방울 또 떨어진다. 엄마 등에 업혀 첫나들이 가던 날에도 떨어지고 교실에 앉아 먼 산 볼 때도 떨어지던 그 빗방울. 군복을 입고 상황실에 앉아 전화 받던 여름부터 파견부대 무전실에서 책 읽던 겨울까지 쉬지 않고 떨어지던 빗방울. 14층 내 방에서 음악 들을 때도 2층 술집에서 술 마실 때도 떨어지던 그 빗방울. 또 떨어진다. 내가 낮잠 잘 때도 떨어지고 멍하니 구름을 볼 때도 떨어지던 빗방울. 내가 태어나던 날부터 강변 돌밭을 헤매던 오늘 아침까지, 내가 태어나기 전부터 내가 죽어 세상에 없는 날까지, 어디선가 또 떨어지는 빗방울. 나와 당신이 사는 작은 세계를 품고 지금 막 떨어지는 커다란 빗방울.

[작가노트]

얼마 전 잡지에서 정재학 형의 〈사이키델릭한 일요일〉을 읽었다. 행운목과 기타를 소재로 한 몽환적인 시였다. 정재학 형은 행운목을 10년 넘게 키워 이제는 자기 키보다 크다고 하는데 나는 행운목만 키우면 죽는다. 이유는 잘 모르겠다. 내가 10년 넘게 키운 식물들은 아직도 고만고만 키가 작다. 10년을 더 키워도 여전히 고만고만할까? 아마도 그렇겠지. 그래도 그때까지 죽지 않고 잘 살았으면 좋겠다.

부서진 밥 외 1편

박기행

단단했던 아버지는
부서지지 않는 금강이었다
세월에 부딪힌 흔적만 몇 개
마른 몸에 새겼을 뿐
언제나 흔들리지 않는 금강으로
단단히 우리들을 지키고 있었다
그러던 어느 날이었다
공단에서 돌아오신 아버지는 지친 몸으로
내가 올리는 찬을 순서대로 받으셨다
부엌에서는 차륵차륵 찌개가 끓고
읍내로 가는 버스는 흙먼지를 가르며
우리를 향해 달려오고
찌개를 가지러 내가 몸을 일으키는 순간
파 하고 금강의 아버지가 부서졌다

그 단단했던 몸을 흔들며
몇 개의 조각으로 부서져 내렸다
부릉부릉 버스는 달려오고
흩뿌려진 조각들이 주위의
시간들을 힘겹게 붙들고 있었다
얼마나 지났을까
금강의 조각들을 털어내며 아버지
천천히 방을 나가셨다
나는 별처럼 반짝이는
그 조각들을 하나둘 모으며 언젠가
이 시간들이 나를 단단하게 하리라
부서지지 않는 금강으로 나를 우뚝 세우리라
혼자 중얼거리며 몇 개의 조각을
가슴 깊이 새겨 넣었다.

아기수첩

작은아이가 며칠
민증을 만든다며 분주하다
혈액형을 묻는 아이에게 아내는
오래된 아기수첩을 내밀었다

세월이 세월이 나는
돋보기를 찾으며 수첩을 열었다
흑백으로 된 한 생이 따문따문
걸음을 옮기고 있었다 어느 날은
사진 옆에 이름을 만들고
어떻게 키우겠습니다
굳은 다짐도 있었다

이렇게
한 생이 시작되었구나

가고 오는 것이 별시리
특별한 것이 아니었구나
쏘아 놓은 화살이라더니
세월은 또 내 인연들을 데리고
어디를 가고 있을 것이다

그런 날이 있다
실없이 웃으며 흘린 날들이
어느 날 나를 찾아오는
그 말씀 그대로
아이들은 무럭무럭 자라고
어머니는 가고 없는
내가 돋보기를 벗으며
눈물을 닦는…

[작가노트]

　어느 유행가 가사처럼 정말 흐르는 것이 어디 사람뿐이랴…
흐르는 물 같은 세월, 그렇게 혼란스럽던 시간들도 이제 다 지나갔다. 그날 마른 낙엽처럼 바스러지던 아버지는 다시 든든한 금강으로 우리 곁을 지키고 있고 아버지를 물끄러미 바라보던 나는 자라고 자라 그날의 아버지처럼 중년의 아저씨가 되었다. 이젠 내 아이들이 또 그날의 나처럼 내 곁에서 나를 물끄러미 지켜보고 있다. 산다는 것이 이처럼 물과 같아서 그저 묵묵히 흐르고 흐를 뿐, 그저 물끄러미 지켜볼 뿐….
　이제 돌아갈 수 없는 시간들, 후회되는 시간이 왜 없을까? 그래도 나는 후회하지 않으련다. 그때의 시간으로 돌아간다면 어떤 선택을 했을까 싶지만 정말 후회하지는 않을란다. 혼란스럽던 그 시간들이 쌓이고 쌓여 이렇게 귀한 시간들이 되었을 것이다.
　그저 감사한 마음으로 오늘을 살 뿐이다.

나의 교부 방식과 정산 지침서 외 1편

서유

X를 키웁니다.

나를 분양하는 방식이죠.
소행성 232호에서는 흔한 일입니다.

바닥에 물을 붓고
뽀송뽀송한 고양이를 깔고

기다립니다.

밤이 쌓이고
구석이 쌓여서
악몽이 팽창해지면

반짝이는 것들이 경계를 벗어나 움직입니다. 벗어던진
허물을 뒤집어쓰고

자라는 나를 확인하는 기분이란

작은 블랙홀을 만드는 일, 그러나 내 땅에는
내가 원하는 구멍은 열리지 않습니다.

멸종한 종족들을 생각합니다.

　이 행성에는 하루에도 70종의 생물들이 증발하고 또 다른 누군가는
　검은 부스러기가 당도하는 동안

마지막 밤을 견디고 있겠죠.

남은 나는 그래서
행복할까요,
불행할까요.

견디는 연습이 필요할 때
나를 툭툭 잘라 배양접시에 올려놓고

기다립니다.

고요하게
수북하게

나를 도려낸 손가락에 다시 꼬리가 자라고 있네요.

한 마리가 죽었습니다.

어떤 술꾼에 관한 보고서

이 보고서에는 하자가 많다.
그렇지만 참고할 만한 몇 가지 단서들이 있다.

 당신들은 안쪽으로 고요하게 흐르는 은둔형이다. 나는 술과 농담과 온기를 향해 끊임없이 기어가는 기생의 방향을 지녔다. 그것들을 뜯어 먹고 자라는 송곳니. 그러니까 이제부터 당신들을 졸졸 모든 나른함을 쪽쪽 들이켜는 나는 활짝 열린 형으로

 정색하고 도망가신다. 늦었어요, 이미. 댁들의 목덜미는 제 것이거든요. 달 대신 내가 부풀어 오른 밤, 관속으로 들어가 잠을 잔다. 쾅쾅, 누군가 내 관에 못을 박는다면 가장 유력한 용의자는 영역 다툼을 예상한 아래층 그
 남자

는 어떻게 생겨나는가
변모의 과정을 중심으로

나는 신동이었어요. 어린 나이에 술맛을 알았고요, 남의 집에 숨어 들어가 자잘한 것들도 완벽하게 훔칠 수 있었죠. 밤이 되면 작은 상자 속에 전리품을 숨기며 자랐어요. 등에 주둥이를 쑤셔 넣고

숨기는 것과
들키는 것의 이율배반적인 감정을 끝으로

지하로 내려간다. 그럼에도 자꾸만 내 안으로 향하는 가련한 짐승이 다시 불안의 스위치를 켠다. 이 불을 *끄*기 위해서 또 다른 당신들을 찾으러 가야겠다.

흡혈의 시간이다.

[작가노트]

　신은 죽었다. 동감. 대지에 충실하라. 동감. 위대하고 위대하신 프리드리히 니체. 그냥 동감. 하나의 가치에 대해선 죽음의 선포를, 다른 하나에 대해선 생명의 삶을. 격하게 동감.

　나를 가만히 쳐다본다.

　가만히 만져도 본다.

　참. 못생겼구나. 거칠고 울퉁불퉁하고 작고.

　매일 밤 죽었다 다시 태어나기를 반복하는 열등감투성이.

　한참을 쳐다본다.

　그러다 보니 예쁜 구석이 조금씩 보인다.

　너는 참 술을 잘 마시지.

너는 참 거짓말도 잘하지.

너는 참 표나지 않게 도둑질도 잘하지.

나를 있는 그대로 받아들이는 것.
지금의 나를 지속시키다 보면 고통으로 가득 찬 현실일지라도 어쩌면 한 번 더 이 삶을 살고 싶어질지도 몰라. 그때는 어린아이처럼 춤을 추겠지. 한없이 가볍게.

저녁이 나에게 말했다 외 1편

손화영

빛바랜 시간 사이로
견고한 숙명을 떠안은 채
고집스레 떠나는 여정

흔들리는 눈물로 선 끝자락
아름드리 큰 나무 그늘은
폭풍 같던 날들의 환상

하늘과 바람의 길을 따라
문득 뒤돌아서면
아득히 휘어져 보이는
무수한 발자국들

흘러가는 구름처럼

수많은 세월은 흐르고
노을은 그림으로 물들어

어린 아집의 기다림
그것 또한 품어야 할
고된 그리움

붉은 비

내 한 걸음의 동화는

모두를 잃은 날
두고 남을 노래가 되지 못해
외로움으로 흐려지는 시간만큼
낱낱의 이야기로 흩어져

살아있다면,

더 좋은 날이 찾아온다는
아득한 맹독의 각성 아래
비릿한 내음을 뚫고
멀리 더 멀리
달려나가는 절망의 터트림

되돌릴 수 없는 굴레
불합리한 명분의 희망으로
소리 없이 무너지는 울타리

묻으려 해도 묻지 못하는
몹쓸 내림의 병은
<u>흐르고 흐르는</u>
작고 낮은 넋이 되어
오열의 목소리를 삼키고

[작가노트]

날마다 버리는 연습을 한다.
오늘을 버리고, 날카로운 촉수처럼 곤두섰던 마음도 버린다. 어제를 버려야만 내일을 버릴 수 있는 현실이 믿을 수 없어 미련을 버리고 원망도 버린다. 끝내 버리지 못한 아집은 뫼비우스 띠처럼 다시 어제와 같은 오늘 앞에 나를 세운다. 그리고 또 나는 침묵한다.

익숙한 기억 속 흥겨운 멜로디가 흘러나오고서야 잠시 놓치고 있던 그들의 삶을 본다. 신바람 나는 대중음악 속 '돌아온 김 상사'는 그것도 잠시, 지금까지 후유증과 힘겨운 전투 중이다. 총 대신 그들이 손에 든 것은 인간다운 삶을 살고 싶은 절규 어린 피켓이다. 물론 법률의 통과로 명예회복은 되었다. 그러나 대를 잇는 후유증의 고통을 그저 보고 있어야만 하는, 가슴이 찢어지는 죄의식까지는 어쩌지 못하고 있다.

시인은 어둠 속에 앉아 타자와 자신의 외로움을 달래기 위해 아름다운 노래를 해야 한다는 말이 새삼스럽지 않아야 할 것인데 타인의 아픔에 인색해지는, 버려야 할 것이 또 생겼다.

내가 지은 건물에 갇혀 있다 외 1편

심규환

며칠인지 얼마인지 모르고 들이부었던 술로
내 속에 마른 흙을 이개 건물을 지었다
녹슨 시곗바늘을 철골 삼아
단단하게 지었다
수면제로 잠든 시간을 제하고
하루를 16시간으로 규정했다
잠 속에서 가끔 굳게 닫힌 건물의 빗장이 열렸다
내 속에서 끊임없이 마른 흙들이 게워져 나왔다
흙으로 CCTV를 만들고 흙으로 나를 관찰할 보호사를 만들었다
흙으로 만든 환자와 친구가 되고
흙으로 의사와 간호사를 만들어 약을 지어 먹었다
흙으로 만든 복지사와 상담하다 가끔 눈물이 흘러
그것이 와르르 무너지기도 했다

잔해들을 긁어모아 허기를 때우기도 했다
시간이 건물을 좀먹으면 하루가 24시간인 세계로 외출도 했다
돌아오면 물기 가득 머금은 몸으로 건물 곳곳을 손봐야 했다
그때마다 건물의 외벽은 단단해졌다
건물은 쉬이 외출을 허락지 않았다
TV에서 떠드는 뉴스들은 먼 미래의 일 같았다
가도 어느 고대에 사라져 버린 문명 같았다
수면제의 시간은 이 건물 속에서 유일하게 내 의지와 무관했다
어느 사찰의 겹벚꽃 아래 그리운 이와 나란히 앉기도 하고
얼굴 모르는 아이와 놀이터에서 놀아주기도 했다

그리운 그이는 누구였을까? 사산된 아이는 어디로 가는 것일까?

눈을 뜨면 시간도 질문도 건물의 거대한 질량 속으로 **빨려** 들어간다

나는 손을 뻗어 이불을 개킨다
어제는 세로 한 번 가로 두 번으로 접히고
기억은 사건의 지평선 너머로 빠르게 질주한다
덩어리져 행간을 읽을 수 없는 문장들이 기도에 턱 걸린다
몇 번의 잔기침으로 개수대에 뱉어낸 한 세계가 하수구 속으로 사라진다
다시 하루가 재구성된다. 어제와 같게
어제보다 견고하게

시선

수많은 눈이 나를 응시하고 있다
나는 64분할 된 화면의 어느 모퉁이에 자리 잡아
누군가의 가시거리 안에 항상 놓여 있다
모든 행위가 저장되고 있다

64분할의 화면 어딘가에 나는 존재하고
화면을 확대하면 자세한 표정도 읽을 수 있다
대각선 우측 상단, 좌측 TV 위, 등 뒤 공중전화 위
나는 세 개의 화면에서 동시에 송출된다
내 세계는 항상 감시중이다
그 속에 나는 아무 의미도 없다
그 화면으로 온전히 나를 판독할 수 없다

달빛도 별빛도 없는 DMZ 한가운데서

야시경 배터리가 나간 적이 있다
완전무결한 어둠. 보이는 것은
겨우 눈꺼풀 무게만큼이나 가벼운 의미라는 것
너무 쉬운 답은 때때로
예상 못 한 극적인 순간에 도출되기도 한다
그것이 답 임을 아는 순간이 십여 년쯤 더디 오기도 한다

너무 많은 눈들, 눈이 하는 말들이
원혼처럼 발목을 잡아 넘어뜨렸다
팔을 잡고 이끌었다
넘어지고 끌려다니며 도착한 이곳에서
나도 눈을 뜨고 바라보고 있다
풀려버린 눈동자와 초점 없는 동공으로

눈에서 검은 물이 흘러내린다
지독한 시취를 풍긴다
눈은 벙어리가 되었다
눈은 어떤 표정도 짓지 않는다
멀어버린 눈에는 나만 보인다

너무도 무해한 눈,
너무도 안전한 눈,

[작가노트]

햇수로 5년째 정신병원 입·퇴원을 반복하고 있습니다. 지속이라는 주제를 받았을 때 제게 떠오르는 것은 오직 고통 한 단어뿐이었습니다. 주위를 괴롭히고 자신을 좀 먹는 고통의 시간이 영원처럼 지속되고 있기 때문입니다. 알코올에 쪼그라든 뇌는 자꾸만 상식을 잊고, 개념을 잊고, 단어를 잊고, 사소한 맞춤법조차 잊게 만듭니다. 이런 시간이 지속되다 보면 언젠가 자신도 잊고, 가족을 잃고 평생을 이곳에서 앵무새처럼 같은 말만 반복하고, 파블로프의 개처럼 식사 방송에 밥이나 받아먹으며 살 수도 있습니다. 두렵습니다. 두려움도 실체가 있는 고통이 됩니다. 저는 두려울 때 왼쪽 후두부가 아픕니다. 단단한 두개골에 보호받는 연두부 같은 뇌가 두려움에 진동합니다. 몸이 휘청일 정도의 두통이 밀려옵니다.

육체적 고통이든 정신적 고통이든 그것이 지속해서 가해져 한계에 다다르면 저는 어떤 비밀도 순순히 불고 싶어집니다. 고통을 가하는 주체에게 제가 아는 무엇이라도 실토할 것입니다. 동지의 이름이든 국가의 기밀이든 뭐든 털어놓고 이 끔찍한 고통에서 해방되고 싶은데, 애석하게도 저는 그다지 가치 있는 정보를 알지 못합니다. 오로지 견디며 그 비밀을, 원하는 대답을 유추해

낼 수밖에 없습니다. 틀린 답을 찾으면 더 큰 고통이 기다리겠지만, 손 놓고 있을 수는 없습니다. 고통은 무뎌지지도 익숙해지지도 않으니까요. 그리고 답을 기다리며 고통을 가하는 것도, 울부짖으며 답을 찾는 것도 저 자신이니까요.

풍동생 외 1편

원양희

 쉰아홉에 풍을 맞으신 어머니, 그 후 이십 년 가까이 오래 후유증으로 고생하셨다 풍을 너무 세게 맞은 탓인지 말려들어가고 힘없이 처지는 왼편 팔다리는 돌아가실 때까지 돌아오지 않았다 어머니가 풍을 맞기 전까진 풍이란 걸 잘 몰랐다 내가 임신했을 때는 배부른 여자만 보이더니 어머니가 그렇게 된 후로는 자주 풍 맞은 사람만 눈에 보였다 제 몸이 제 몸이 아닌 듯 삐딱삐딱 위태로이 걷는 사람들, 세상 무서운 것이 풍이구나 싶었다 석 달을 꼼짝없이 누워 계시던 어머니는 기적처럼 일어나 걸으셨고 거의 날마다 공원엘 다니셨다 한 바퀴 돌고 쉬고 한 바퀴 돌고 쉬고 종일 공원에 사셨다 늘 앉는 지정석이 있어 그 넓은 공원에서도 어머니를 찾기 쉬웠다 공원에는 어머니처럼 풍 맞은 사람들이 많았다 날이 궂어 공원에 못 가시는 날은 집에서도 항상 공원타령이셨다 공원은 평지라 걷기가 좋지만 집에서 공원까지 가는 길이 오르막이고 울퉁불퉁하여 그것이 문제였다 자칫 균형을 잃고 넘어지기라도 하면 큰일이기에 짧은 거리지만 공원까지는 택시를 타야 했다 어느 날 택시를 잡고 있는데 누부요 누부요 하며 부르던 아저씨 이래 일찍 공원에 올라갑니꺼 난중 보입시더 인사를 건네던 아저씨 택시를 타자 기사님이 물으셨다 동생인갑지예? 어머니께서 말씀하셨다 풍동생 아인교

최필도

 필도 아줌마는 어머니의 풍동기다 어머니와 같은 해에 풍을 맞았지만 어머니보다 훨씬 회복이 빨랐고 걸어다니는 데 크게 불편함이 없게 되셨다 해 뜨면 공원에 올라 운동한다고 그렇게 무던히 노력하여도 말려든 듯 풀어지지 않는 어머니의 왼팔을 이리저리 주무르며 늘 제 몸처럼 걱정하셨다 빨리 돌아와야 될 낀데 빨리 돌아와야 될 낀데 주문처럼 외우셨다 자주 생수병에 까만 물을 담아와 어머니께 건네셨다 민들레 달인 물이라고 했다 민들레가 약이 된다고 민주공원과 수정산 근처, 때로 멀리까지 민들레를 캐러 다니셨다 허름한 배낭 하나 둘러매고 심마니처럼 날마다 산을 돌아다니셨다 내가 크고 작은 생수병들을 모아 깨끗이 말려 한 아름 드렸더니 환하게 웃으셨다 어느 날은 새파란 물을 생수병에 담아와 어머니께 건네셨다 미나리 물이라고 했다 미나리가 좋다고 돌미나리라고 혈압에 좋다고 새파랗게 물든 손끝으로 생수병을 건네셨다

[작가노트]

한밤중 째깍거리는 초침소리를 듣고 있으면 시간이 온몸을 관통해 지나가는 느낌이다. "고장 난 벽시계는 멈추었는데 저 세월은 고장도 없네"라는 유행가 가사처럼 세상 그 무엇도 지속가능한 것이 있을까. 그렇기에 더더욱 지속가능에 대한 인간의 욕망은 커지는 것 같다. 특히나 안티에이징에 대한 욕망은 온갖 화장품에 빠짐없이 적혀있는 미백 주름 개선이라는 용어만 보아도 알 수 있다. 그 안에 실제 그런 기능이 있는가 하는 실효성보다 그 문구에 담긴 욕망이 먼저 읽힌다. 시장은 끝없이 우리의 욕망과 환상을 끌어내고 거기에 매달리도록 만든다. 그러나 온갖 발버둥에도 인간은 결국 늙고 죽는다. 그것이 자연의 모습이다. 인간에게 주어진 유일한 지속가능은 무얼까. 빛나는 기억이 아닐까. 쓰디쓴 기억이 아닐까. 갓 꺼낸 듯 아주 오래전 일들이 생각난다. 어머니와 지난 얘기들을 나눌 때 어머니는 자주 내게 "니는 우째 그런 걸 다 기억하노?"라고 말씀하셨다. 지속불가능을 지속으로 바꾸는 기적 같은 힘은 기억이며 문학이 아닐까. 어머니에 대한 기억 가운데 일부를 짧은 시편으로 엮어 보았다. 사랑이 많고 깊으셨던 어머니. 지금 곁에 안 계신다. 아니, 바로 곁에 계신다.

앨리스의 눈 외 1편

이기록

당신은 한쪽으로 흘러요
사라진 앨리스의 뒤를 쫓으며
몸은 한쪽으로 흐르고 운명은 한쪽만 흐르고

당신은 익숙한 대로 같은 방향으로만
걷고 뛰고 침을 흘리며 혀를 내민 채
어쩌면 팔짱을 낀 채로 고개를 45도 틀고
따끔거리는 신경을 완화하기 위해
돌고 돌아요
늘 한쪽으로 돌아요
간격과 간격을 유지하며

느린 걸음에 맞춰요
당신은 지치지도 않아요

이야기의 주인공은 괴물이자 마녀일 뿐이니까
혼자 걷고 있는, 동화의 세계는
좁은 창살에 기댈 수 없어요
소식은 멀고 먼 앨리스에게 도달하려는지
늘 한쪽으로 흘러요
즐거움도 희생이 필요하다지만
가끔 머리가 깨지는 소리에
일방통행의 걸음은 꼬리를 물고 떠돌아요
매번 낭떠러지를 걷는 기분으로
전력으로 달려갔던 앨리스

여전히 돌고 있는
앨리스는 여전히 같은 방향으로 살아지고 있어요

Jabberwocky[*]

지구는 당신의 것일 테지만
입을 다물어요
시인의 침묵은 밤새 타올랐어요
모든 것은 당신을 위해 준비된 거예요

환한 어둠이 보일 무렵
아무 이유도 적혀있지 않은 사전을 펼쳐두어요
날것처럼 식욕을 돋우는
폭음은 사라지지 않기에

머리를 후려치는 단어는 날이 서 있지만
슬픈 이야기는 어디서든 피어올라요
육신은 소금기 짠한 바다에서 떠돌 거예요
또다시 나른한 천사처럼 아이는

아무것도 호소하지 못하고
오랜 유리병 속에는 탈구된 사진들이 있을 거예요

구원은 없어요
무서운 건 연약한 입맞춤이었어요
말이 투명한 건 사라지는 것을 위한 배려니까요
그렇게 말하지 못해서
어디든 시인의 묘지였어요

홀로 낯선 나라에 묻힐 것처럼
아직 쓰지 못한 기사들이 팔려 나가요
뿌리없이 자라는 식물처럼
한쪽으로만

*거울나라의 앨리스

[작가노트]

지속되는 것들은 슬프다
발자국보다 더 아픈 게 있을까
매번 한쪽으로만 흐르는 것들
오래 지속될수록 더 슬플 뿐이다
이야기는 남겠지만 믿을 수 있을까
뒤편에 앉은 나는 어떻게 전해질까
내가 조금씩 걸을 때마다
미약한 몸뚱이를 조금씩 엎어놓는다
한쪽으로만

아일란 쿠르디, 우리 모두의 아이 외 1편

이은주

아일란 쿠르디*의 *이야기를 해야 합니다* 사진 속 해변의 주검으로 멈춰버린 아일란 쿠르디의 시간을 이야기해야 합니다 아일란 쿠르디가 온전히 사진 밖 세상으로 살아 나올 수 있도록 이야기해야 합니다

계속 이야기해야 합니다

아일란 쿠르디의 아침 햇살을, 사탕과 장난감 그리고 신발을 빼앗아 간 어른들의 이야기, 그 어른들의 배후에 숨어 있는 어른들, 그 어른들에 무관심한 어른들, 먼 곳에서 잠시 바라보고 침묵하는 어른들의

이야기를 해야만 합니다

해와 달이 뜨고 지고 파도가 밀려오고 썰려가고 꽃이 피고 지고 아기가 태어나고 자라나듯 그리고 또 아기들이 태어나 아이들로 자라날 수 있는 이야기를 하듯 아일란 쿠르디의 해와 달 그리고 별을 부수어 버린 강철깃발과 강철군화의 탄약 연기와 피 냄새를

기어이 이야기해야만 합니다

아일란 쿠르디의 지극히 슬픈 우주를 지극하게 이야기해야 합니다 강철깃발과 강철군화를 녹여버려야만 지속할 수 있는 수많은 아일란 쿠르디의 우주, 우리들의 삶 이야기, 언제든 누구든지 슬픈 아일란 쿠르디가 될 수 있다는 무서운 이야기,

계속, 계속해야만 합니다

*2015년 내전 중인 시리아에서 탈출해 보트를 타고 지중해를 건너다 목숨을 잃은 세 살배기 난민 아기, 튀르키예 보드룸 해변에 얼굴을 묻은 시신으로 발견되었다.

지금, 우리는 침묵할 자유가 없다*

지구촌의 *개인-들*은 설마, 전쟁이 일어나겠어, 어떻게 이웃에게 총을 겨눌 수 있겠어, 그렇지…, 그럴 수는 없지…

그러나, 러시아는 2022년 2월 24일 새벽 4시 우크라이나 수도 키이우를 침공했습니다

*개인의 얼굴*엔 총을 쏠 수 없지만 *개인-들 전체의 얼굴-들*은 지울 수 있다는 걸, 너와 나, 그리고 우리는 알면서도 자꾸 망각하고 낭만했습니다

두 살, 여섯 살 아이, 남편과 평범한 일상을 누리던 우크라이나 여기자 K 가족은 집을 잃었습니다 총의 광기에 K 가족의 시간은 무너졌습니다 두 아이를 코펜하겐으로 피란시킨 뒤 K는 다시 조국으로 돌아갔습니다 K의 펜은 불타는 전장을, 폐허가 된 마

을을, 생존자들을, 크렘린의 학살과 만행을 기록합니다 분노와 증오로 찢어발겨진 자신의 감정에 소스라치며 몸과 마음마저 무너지지 않도록, K는 두 아이의 눈빛으로 씁니다 침실과 책장, 벽에 걸린 그림, 턴테이블, 방에 두고 온 아이들의 사진과 동화책, 장난감[**]이 흘리는 눈물까지도 기록하는 일, 아이들에게 마땅히 약속해야 할, 안전한 시간을 위한 기록입니다

―최악의 순간은 바로 행복한 순간이 하나도 남아 있지 않을 때다. 마음속에서 이미 죽어버린 것 같은 기분이 들 때다.[***]

K는 고문당한 동료와 총살당한 친구들, 그들의 남겨진 아이들을 위해, 그 아이들이 살아남아 무엇인가를 할 수 있기를 기도하며 폭격당한 *개인―들의 시간*을 절박하게 보도합니다 광기에 굴복할 수 없으므로 최악의 순간에도 가족과 친구들과 최선의 행복

을 살아내며 버팁니다 *개인-들의 얼굴*을 처절하게 회복하는 일입니다

　러시아 예술가 D는 이웃 나라를 폭격한 조국을 더 이상 사랑할 수 없습니다 크렘린의 프로파간다에 환호하는 이웃이 두렵습니다 반전 시위에 참여한 동료가 사라지는 위협 속에서 D 가족은 이젠 조국을 떠나려 합니다 〈우리는 우리 것을 저버리지 않는다〉 벽에 붙은 〈Z〉**** 포스트에 소름이 돋습니다 가짜 뉴스에 속아 크렘린의 군가에 열광하는 이웃의 눈빛에 *개인-들*의 얼굴은 무참히 지워졌습니다

　―청년 시절, 나는 그다지 정치적인 사람이 아니었다. … 이제는 우리 세대 전체가 정치에 관심을 갖지 않았던 게 실수는 아니었을까 생각한다. 우리 정부를 구성하는 데에 다음 세대가 관여

해야 한다.*****

  D는 전쟁을 일으킨 조국의, *개인-들*의 불안과 두려움, 부끄러움을 고백합니다. 몰래 우크라이나를 돕는 일이 발각될까 숨죽이는 자신을 기록합니다 전쟁과 관련된 언어는 금지어가 되었고 ***개인-들의 시간***은 ***전체라는 이름의 광기***에 짓밟혔습니다

  *개인-들*이 겪고 있는 전쟁 서사를 기록하는 일
  우크라이나 여기자 K와 러시아 예술가 D의 일기는

  ⟨*전쟁을 당장 멈춰라!*⟩

  개인-들의 외침

개인-들의 행동을 촉구하는 외침

살고자 하는, 죽음 직전의, 죽을 힘을 다해 외치는 절규

먼 나라 먼 이웃에 가 닿길 바라는 간절한 통곡입니다

*윤영호, 윤지영 인터뷰집, 『우리는 침묵할 수 없다』, 「침묵할 자유가 없다」 중.
**노라 크루크, 『전쟁이 나고 말았다-우크라이나와 러시아에서 보내온 두 편의 시각 기록물』, 엘리.

***앞의 책, 우크라이나 여기자 K의 기록 중.
****푸틴과 전쟁을 지지하는 상징.
*****앞의 책, 러시아 예술가 D의 기록 중.

[작가노트]

멈추어야만 지속할 수 있는 것이 있다. 전쟁을 멈추어야 개인 -들의 삶은 온전히 지속될 수 있다. 우리는 제1·2차 세계대전을 통해 제국주의와 식민주의의 광기를, 인간의 야만성을, 전체의 이름으로 가해진 악의 평범성에 소스라쳤다. 그런데도 강철의 광기와 학살은 여전하다. 어떻게 이럴 수가 있을까, 개인-들을 구하기 위해, 인간성을 회복하기 위해 무엇을 해야 할까, 무엇을 할 수 있을까! 개인-들의 온전한 자유를 위해 지금, 우린 침묵할 자유가 없다.

소설

안양

강이나

　동생의 장례를 치르고 몇 달이 지난 뒤 영무는 안양으로 떠났다.
　"동생이 살던 집이 지금까지 그대로 있었어?"
　이삿짐 트럭 앞에서 내가 이렇게 물었을 때 영무는 지금까지 월세를 내고 있었다고 대답했다. 그러면서 들어가 살 생각으로 그런 건 아니었는데, 하고 중얼거렸다. 그럼 왜 아무도 살지 않는 집에 월세를 내고 있었던 거냐고, 들어가 살 생각은 아니었다면서 왜 이사를 가는 거냐고 물으려다가 그만두었다. 묻지 않았다기보다 물으나 마나 했다는 것이 더 맞을 것이다. 영무가 무슨 말로 설명할 수 있을까. 영무의 동생은 유서 한 장 없이 스스로 목숨을 끊었다. 건설 현장에서 사고를 당한 동생이 불구의 몸으로 병원에서 퇴원한 날의 일이었다. 왜 나한테 전화 한 통 하지 않았을까? 장례식장에서 동생 사진을 들여다보며 영무가 말했다. 장례식이 끝난 뒤 영무는 좀 달라졌다. 중요한 것이 없는 것처럼, 혹은 모든 것이 중요한 것처럼 사소한 것에 발끈했고 큰일에 시큰둥했다.

"수이가 늦네!"

이삿짐 트럭이 떠날 때까지 수이는 나타나지 않았다. 수이는 한 번도 약속 시간에 맞춰 나온 적이 없었다. 오늘도 예외는 아니었다.

"수이랑 같이 놀러 갈게."

"진짜지?"

"그럼."

"꼭이다."

"꼭 갈게."

내가 꼭, 이라는 말에 힘을 실어 말하자 그제야 영무는 안심한 듯 미소 지었다. 나는 영무를 태운 트럭이 시야에서 완전히 사라질 때까지 그 자리에 서 있었다. 그때 수이가 나타났다. 약속 시간 한참 전에 먼저 도착한 사람처럼 여유로운 수이, 약속 없이 우연히 만난 것처럼 눈을 찡긋하며 손을 흔드는 수이.

"넌 정말…!"

나는 수이를 쏘아보았다. 내가 정작 하고 싶었던 말은 넌 정말 못 말리겠다는 식의 투정이 아니었다. 입 밖으로 낼 수만 있다면 말해보고 싶었다. 넌 정말, 그러니까 너는 왜 늘 이런 식으로 영무를 네 곁에 붙잡아 두는 거야? 왜 너는 잡힐 듯하지만 잡히지는 않고 그렇다고 영영 멀어지느냐 하면 그것도 아닌 거리를 유지하면서 영무를 붙잡고 있는 것이냐고, 좋아하는 영무 마음을 그렇게 함부로 이용해도 되는 거냐고. 하지만 그 치사한 방법은 수이이기 때문에 가능했고 나는 그것 때문에 절망했다.

"왜 넌 늘…."

나는 혼자서 중얼거리다가 이내 수이를 남겨둔 채 빠르게 걸어가 버렸다. 뒤에서 수이가 내 이름을 불렀지만 돌아보지 않았다.

안양에 가자고 말한 사람은 수이였다. 그 전에도 나는 영무를 만나러 가고 싶었지만 이렇다 할 핑계가 없었다. 영무가 그곳으로 떠나기 전 놀러 가겠다고, 꼭 놀러 오라고, 간곡한 말을 주고받았지만 그건 수이에게만 해당된다는 걸 모르지 않았다. 그렇다고 지나가다가 들렀다며 불쑥 찾아갈 수 있는 곳도 아니었다. 안양이라는 도시가 그랬다. 마음먹고 가지 않으면 평생 갈 일이 없는 도시, 내게는 그런 곳이었다. 한 번에 가는 시외버스도 없어서 다른 도시를 경유해야 갈 수 있는 곳, 고속열차도 없어 더딘 기차를 타고 다섯 시간을 달려야 닿을 수 있는 도시.

수이의 문자를 받은 곳은 경주였다. 그때 나는 경주 불국사의 안양문 앞에 서 있었다. 경기도 안양시는요? 문화재 해설사가 우리 일행을 둘러보며 질문을 했고 우리는 일제히 고개를 들어 높은 곳을 바라보았다. 그곳에는 '安養門'이라고 쓰인 현판이 걸려 있었다. 안양문은 극락정토로 가는 문입니다. 그러니까 경기도 안양시도 극락이겠죠? 가이드가 농담처럼 말했을 때 파라다이스요, 하고 우리 일행 중 몇몇이 합창을 하듯 물었다. 그리고 정확히 그 순간에 수이의 문자가 도착했다. [안양에 가지 않을래?]

수이의 문자와 함께 영무가 떠올랐다. 영무가 간 곳이 파라다이스라니. 영무는 그곳에서 편하게 살고 있을까. 동생이 죽은 뒤로 단 하루도 편히 잠들어 본 적 없다고 했는데 그곳에서라면 낮에 일하고 밤에는 잠이 드는 일상적인 생활을 하고 있을지도 모르겠다는 생각이 들었다. 영무가 떠난 지 넉 달이 지났다. 그동안 우리는 한 번도 만나지 않았다. 간간이 연락을 주고받았지만 가벼운 안부 인사와 생일 축하 정도였다. [잘 지내?] 문자를 보내면 영무는 어김없이 [그럼] 하고 답장을 보내왔다. 거기서 무슨 일을 하느냐고 물었다. [곰방] 영무가 대답했다. [뭐?] [무거운 것들을 옮겨] [무거운 거 어떤 거?] [무거운 거면 다] [힘들지 않아?] [힘들지 않아] 영무는 너무 힘이 들지 않아서 오히려 이상할 정도라고 했다. 나는 그 문자를 들여다보다가 길게 울었다. 무거운 것을 옮긴다면서 힘들지 않다니 그건 힘들어서 죽겠다는 말보다 더 비극적이었다.

"안양이 영무 고향이야?"

영무 동생이 그곳에서 살다가 죽었고, 이후에 영무가 그곳으로 거처를 옮겼을 때 나는 안양이 영무의 고향이 아닐까, 짐작했었다. 하지만 수이는 내 물음에 대답하는 대신 나는 안양에 한 번도 가본 적 없어, 라며 다른 소리를 했다.

"너도 몰라?"

우리 셋은 대학 시절 내내 붙어 다녔지만 서로의 고향을 물어본 적은 없었다. 영무와 수이가 사귄 것이 먼저였다. 그리고 내가 수이와 단짝이 되었고 이어 수이의 남자친구인 영무하고도 친구로 지내게 되었다. 중간에 수이가 없었다면, 아마 나와 영무는 아예 모르는 사람인 채로 살았을 것이다. 그러니 수이는 좀 다르지 않을까. 좀 달라야 하는 건 아닐까. 졸업하기 전까지 쭉 사귀는 사이였다가 졸업 이후에는 헤어지고 만나기를 반복했고 어느 날 수이가 영무에게 우리 이제 친구로 지내자, 라고 말하면서 연인관계가 종료되긴 했지만 어쨌든 나보다는 돈독한 관계를 유지했으므로 영무의 고향 정도는 알고 있을 것 같아서 물었던 것인데 그 말에조차 수이는 딴전을 피웠다.

"놀러 가면 재워주겠지?"

나는 이럴 때마다 수이가 미웠다.

"그런데 정말이야?"

"뭐가?"

"안양문 앞에서 내 문자를 받았다는 게!"

불국사 안양문 앞에서 문자를 받았다고 말했을 때 수이는 눈을 동그랗게 뜨며 놀라워했다. 그리고는 몇 번이나 같은 걸 물었다. 정말 내 문자를 받은 게 안양문 앞이었던 거야? 신기하다. 정말 신기해. 나도 처음에는 신기했다. 하지만 수이가 같은 말을 되풀이하면 할수록 신기함은 사라졌고 지겨워졌다.

"그런데 경주는 왜 간 거야?"

"수학여행."

"수학여행?"

다문화지원센터 한국어 교실의 학생들이 학창 시절 이야기를 해 달라고 졸랐을 때 나는 경주에 수학여행 갔던 이야기를 해 주었다. 그러자 우리도 수학여행 가고 싶습니다, 라는 말이 여기저기서 튀어나왔고 곧이어 비공식적인 수학여행이 결정된 것이었다. 학생들은 모두 이주여성들이었는데 그녀들 대부분은 한국에 오기 전까지 한 번도 여행을 해 본 적이 없다고 했다. 살던 동네를 벗어난 경험은 결혼을 하면서 한국으로 온 것이 전부라고.

"그럼 우리도 수학여행 가자!"

수이가 불쑥 말했다.

"경주에 가자고?"

"아니, 안양."

수이가 안양에 가자는 문자를 보냈을 때 나는 끝내 답 문자를 보내지 않았다. 수이와 함께 영무를 만나러 간다는 생각을 할 때마다 가고 싶은 마음과 가고 싶지 않은 마음이 싸웠고 경주에서 돌아온 뒤에도 한참 동안 안양에 대한 말은 꺼내지 않았다. 그러다가 문득 다시 안양 이야기가 나왔고 이번에는 수이가 그렇게 말했을 때 바로 고개를 끄덕였다. 영무가 어떻게 지내는지, 정말 힘든 거 하나 없이 잘 지내고 있는 것인지 확인하고 싶었다. 안양으로 수학여행을 간 학생들도 있을까. 내가 혼잣말처럼 중얼거리자 우리가 최초였으면 좋겠다, 라고 수이가 말했다. 결론적으로 말하자면 수이는 안양에 가지 않았고 나는 영무에게 약속을 미뤄야겠다는 사정 설명을 하기 위해 전화를 걸었다. 하지만 영무는 전화를 받지 않았고 문자에도 답을 주지 않았다. 어쩔 수 없이 약속 장소로 나갈 수밖에 없었다. 영무가 보낸 마지막 문자를 다시 확인했다. [시외버스터미널에서 기다릴게]

J시에서 안양까지 한 번에 가는 시외버스는 없었다. 영무는

그걸 모르는지 몰라도 나는 알고 있었다. 나는 지난 넉 달 동안 안양에 세 번 갔다. 세 번 모두 영무를 만나러 가는 것은 아니라고, 나 자신에게조차 확인시키듯 각주를 단 뒤에야 기차에 오를 수 있었다. 그리고 그 말이 진실이라는 것을 증명하듯 안양역에 내려서 서성거리다가 곧장 J시로 되돌아왔다. 세 번 모두 똑같았다. 시외버스터미널이 아니라 역에서 만나, 하고 약속 장소를 변경하는 게 합리적이었지만 그러지 않았다. 안양역에서 시외버스터미널까지 가는 것은 일도 아니었다.

안양역에서 내려 곧장 시외버스터미널로 향했다. 지도상으로는 도보로 3분 거리, 지척이었다. 하지만 나는 계속 길을 못 찾고 헤맸다. 휴대폰 지도가 가리키는 대로 횡단보도를 이리저리 건너다보면 어느새 다시 안양역 앞으로 와 있었다. 그렇게 몇 번을 돌고 돈 뒤에야 시외버스터미널에 도착할 수 있었다. 영무는 쉽게 찾을 수 있었다. 터미널에 사람들은 많았지만 모두 추위를 피해 대합실 안에 들어가 있었고 대합실 밖에 서 있는 사람은 영무밖에 없었다. 대합실은 컨테이너 두 개를 붙여놓은 것 같이 작았다. 시대를 거스른 듯한, 시대극의 한 장면으로 딱 어울릴 만한 정취를 뿜어내고 있었는데 그 옆에 바짝 붙어 서 있는 영무 역시 그래서인지 오래된 사람처럼 보였다. 늙어 보이는 것이 아니라 오래돼 보이는, 나이 든 것이 아니라 낡은, 많이 써서 닳은 것들이 주는 그런 느낌. 검정색 패딩을 입고 등산용 배낭을 멘 영무는 성에가 낀 대합실 유리창에 얼굴을 들이댄 채 꼼짝하지 않았다. 가까이 다가가서 보니 배차시간표였다. 영무는 내가 다가온 것도 모른 채 배차시간표에 눈을 박고 있었다.

"어디, 가려고?"

내가 물었을 때 영무는 깜짝 놀라며 얼굴을 들었다. 그리고는 아, 아, 언제 왔어, 하며 말을 더듬거리다가 이내 아니, 안 가, 하고 말했다.

"그럼 뭘 그렇게 빤히 보고 있었어?"

"버스가 어디어디 가는지 봤어."

"어디어디 가는데?"

"대전, 보령, 광주, 군산. 그리고 모르는 곳."

"모르는 곳? 가보진 않아도 들어보면 지명 정도는 다 알지 않나?"

"기지시."

"뭐?"

영무가 손가락으로 배차시간표의 한 지점을 가리켰다. 기지시리.

"이름은 신데 시市가 아니고 리理. 알아?"

"아니."

 영무는 그럴 줄 알았다는 듯 나를 한 번 쳐다보더니 모르는 곳이 얼마나 많을까, 하고 물었다. 그리고는 내 대답을 기대한 것은 아니라는 듯 무심하게 호주머니에서 모자를 꺼내 썼다. 야구 모자를 쓴 영무는 어딘가 불량스럽게 보였다. 모자는 캡이 작아서 썼다기보다는 머리 위에 올려놓았다고 하는 것이 더 맞을 것 같았다. 저런 모자는 무슨 용도로 쓰는 것인지 알 수가 없었다. 기지시리, 하고 중얼거리며 영무가 다시 배차시간표 쪽으로 고개를 돌렸을 때 나는 얼른 수이는 안 와, 하는 말로 영무의 시선을 잡아끌었다. 배차시간표 안에 J시가 없다는 것을 영무가 몰랐으면 했다.

 "수이도 오고 싶어 했어. 먼저 가자고 한 사람도 수이였으니까."

 영무는 아무 말 없이 듣고만 있었다.

 "사정이 생겼나 봐."

 "무슨 사정?"

 "나도 정확히는 몰라. 그저 중요한 일이라고만 했어. 아, 그래! 오지는 못해도 전화를 하겠다고 했어. 전화라도 하면 같이 있는 기분이 들 것 같다나. 수이다워! 수이답지 않아?"

 "뭐가?"

영무가 경직된 목소리로 말했다. 어쩌면 화가 난 것인지도 몰랐다. 영무가 기다리던 사람은 내가 아니라 수이였을 테니까. 화가 난 것 같은 영무를 보자 난폭한 마음이 솟구쳤다. 분명 영무와 수이는 헤어졌는데 영무가 수이를 대하는 태도는 헤어지기 전과 조금도 달라진 게 없었다. 그 태도 때문에 내 마음은 더 사나워졌다. 실은 수이가 함께 오지 않은 까닭은 말이야, 하고 음흉한 목소리로 말해버리고 싶었다. 수이는 남자 만나러 갔어. 선을 본다고. 수이 엄마가 갑자기 결정한 거라고 하지만 수이가 완강히 거절했다면 그런 자리가 성사될 리 없잖아. 수이는 지금 다른 남자를 만나고 있어. 첫 만남부터 결혼을 전제로 하는, 그런 만남 말이야. 수이는 내 혓바닥 위에서 간부처럼 취급받고 있었다. 나는 입술을 굳게 닫은 채 영무에게 수이의 일을 전했다. 이 정도는 말해도 되는 거 아닌가. 수이와 영무는 이미 헤어진 사이니까. 그렇게 생각하면서도 그 생각에 누구도 동의하지 않을 것이라는 확신이 들었다. 확신이 점점 굳어질수록 두 사람이 나를 가운데 두고 십 년이 넘는 동안 사랑싸움을 한 것 같아 화가 치밀었다. 억울한 심정이었다. 나는 이런 마음을 들키고 싶지 않아 몸을 부르르 떨며 날씨를 탓했다.

"정말 칼바람이네."

여간해서는 영하로 내려가지 않는 J시와는 확연히 다른 바람이었다. 나는 한껏 몸을 움츠렸다. 영무는 이 정도 추위는 일상이라는 것처럼 태연하게 굴었지만 발갛게 얼어버린 얼굴은 안타까울 정도로 추워 보였다. 영무는 자기도 모르게 이를 딱딱딱딱 부딪치고는 따뜻한 거나 먹으러 가자면서 걸음을 떼놓았다. 마음에 들면 아메리카노, 마음에 안 들면 오렌지 주스. 수이가 전화를 걸겠다고 한 이유는 같이 있는 기분을 느끼기 위해서가 아니었다. 선을 보기로 한 남자 때문이었다. 수이는 영무와의 만남은 언제든 마음만 먹으면 가능한 일이라는 듯 가볍게 무시했고 대신 미지의 남자, 오늘 처음 알게 될 남자에게 관심이 집중되어 있었다. 엄마의 성화 때문이라고 했지만 꼭 그런 것만은 아닌 것 같았다. 결혼? 영무하고 결혼을? 영무는 아니야. 무슨 뜻인지 알지? 그래, 확실히 영무하고 결혼은 아니야. 같은 여자로 너도 그렇게 생각하잖아. 왜 영무와 헤어졌느냐고 물었을 때 수이는 그렇게 말했다. 나는 둘의 결별이 어떤 희망으로 읽혔기 때문에 수이의 말에 가만히 고개를 끄덕였다. 영무하고 결혼은 아니지, 라고 했던 수이의 말이 무슨 말인지 알면서 그리고 그런 생각이 얼마나 영무를 무시하는 말인지 알면서 나는 그렇지, 영무하고 결혼은 아니지, 라고 동의하는 것처럼 고개를 끄덕거렸다. 수이가 전화를 걸어와 아메리카노와 오렌지 주스 중 어떤 메뉴를 말할까보다 수이가 말하는 메뉴에 따라 내가 어떤 반응을 보여야 하는 것인지 그게 더 신경 쓰였다.

"수이가 무슨 말 안 해?"

"무슨 말?"

영무가 걸음을 멈췄다. 거리에는 어디든 식당들이 보였고 들어가면 따뜻한 국물 정도는 먹을 수 있을 것 같았지만 영무는 들어가지 않았다.

"앞으로의 계획 같은 거, 미래, 뭐 그런 거에 대해서."

결혼이라는 단어를 빼고 결혼을 말하려고 하니 말이 제대로 나오지 않았다.

"미래?"

영무가 나를 빤히 쳐다보며 되물었다. 나는 갑자기 수치심이 느껴졌다. 수이가 선을 본다는 것과 수이가 영무를 결혼 상대자로 여긴 적 없다는 것을 말해서 내가 무얼 얻으려고 한 것인지. 나는 얼른 고개를 돌려버렸다. 영무는 그런 나를 가만히 보고 섰다가 말없이 다시 걷기 시작했다. 무슨 무슨 탕이나 무슨 무슨 찌갯집을 지나치며 계속 걸어갔다. 어디 정해둔 식당이라도 있는 것인가. 어쩌면 미리 맛집을 검색해 놨을 수도 있겠다 싶었다. 우리는 넉 달 만에 만나는 것이고 맛집은 본래 힘겹게 찾아가서 길게 기다려야 제맛이니까.

영무는 성큼성큼 걸어가다가 사거리에서 오른쪽으로 접어들었다. 오른쪽 길은 지하도로 이어져 있었다. 어두컴컴해 보이는 지하도는 접근하고 싶지 않을 만큼 음산해 보였다. 영무는 아무렇지도 않은 듯 지하도로 내려갔다. 뒤에서 내가 잘 따라오고 있는 것인지 확인 한번 없이 앞으로 쭉쭉 걸어갔다. 나는 저만치 앞서가는 영무를 물끄러미 보고 섰다가 곧 따라서 걸었다. 지하도로 접어들자 갑자기 세찬 바람이 쌩하고 불어왔다. 바람은 당황스러울 정도로 세차고 날카로웠다. 나는 순간적으로 걸음을 멈추고 뒤돌아섰다. 머리카락이 어지럽게 날렸다. 지하도를 오가는 사람은 아무도 없었다. 이 길을 지나면 무엇이 나올지 짐작조차 되지 않았다.

"왜 그래?"

뒤로 돌아서 있는 나를 본 것인지 영무가 걸음을 멈추고 다가와 물었다.

"바람이 너무 불어서. J시에는 이런 바람이 불지 않으니까. 거긴 이렇게 춥지 않잖아."

나는 이렇게 말하고는 가던 방향으로 몸을 돌려 다시 걷기 시작했다. 안양, 하면 떠오르는 것들 중에 칼바람은 없었다. 불국사 안양문 앞에서 문화재 해설사가 들려준 말에 의하면 안양은 극락이며 정토였고 이상향이었다. 마음과 몸이 편하고 즐거워 괴로움이 없는 곳. 이렇게 찬바람 앞에 서고 보니 그 말이 헛되게 들렸다.

"겨울에도 추우웁지 않은 곳이지, 거기이이인."

입술이 파랗게 언 영무가 덜덜덜덜 떨며 말했다. 마치 오래전에 J시를 떠나온 사람처럼 먼 과거를 회상하듯. 그리고는 나를 앞질러 걷기 시작했다. 한적하고 어두컴컴한 지하도는 꽤 길게 이어졌고, 바람은 쉴 새 없이 불어닥쳤다.

긴 지하도를 걸어가다가 지쳐갈 무렵 쨍한 햇살이 얼굴로 쏟아졌다. 칼바람만큼이나 당황스러운 햇살이었다. 나는 눈을 찡그리며 그 자리에 멈춰 섰다.

"유원지에 가 본 적 있어?"

영무가 해를 등지고 돌아서며 물었다. 나는 그럼, 하고 말하면서 영무의 머리 위를 올려다보았다. 거기 걸린 도로표지판에 유원지라고 쓰인 글자가 보였다.

"그렇지? 다 가 보는 곳이지, 유원지는."

"특별한 곳은 아니니까."

"동생하고 난 유원지에 한 번도 가 본 적이 없어."

"어린이날에도?"

"어린이날에도."

"그럼 어딜?"

그럼 어딜, 이라니. 나는 곧 참 나쁜 질문이었다고 자책했다. 어린이날 유원지에 안 갔다는 것은 아무 데도 안 갔다는, 갈 수 없었다는 말일 텐데.

"수학여행은 다들 놀이동산에 가잖아."

나는 뭔가를 만회해보려는 심산으로 수학여행을 들먹였지만 이내 후회했다.

"동생하고 나는 수학여행 때마다 유일하게 등교하는 학생이었어. 애들이 수학여행을 간 학교에 등교하면 뭘 하는지 알아?"

나는 알지 못했다. 수학여행을 가지 않으면 그 기간에는 등교해야 한다는 사실조차 알지 못했다. 아마 모든 일에서 그랬을 것이다. 내가 하지 않는 일에 대해서는 알지 못하고, 알려고도 하지 않고, 알아도 이해는 하지 못해 그냥 그런가보다 하고 마는, 냉소적인, 그런 쌀쌀한 태도로 살아왔을 것이다. 영무가 다시 걷기 시작했을 때 나는 수학여행을 가는 대신 등교한 영무가 학교에서 뭘 했을까를 생각하면서 따라 걸었다. 안내표지판을 따라 한참을 걷다 보니 실개천 옆으로 추어탕집과 매운탕집이 즐비한, 유원지 하면 딱 떠오르는 그런 공원이 눈앞에 나타났다. 어디엔가, 이젠 낡아서 멈춰버린 녹슨 바이킹이 있지 않을까 싶은 그런 공원이었다.

"동생은 매일 유원지를 가로질러 다녔어."

영무가 유원지 안으로 성큼 들어서며 말했다.

"그걸 어떻게 알아? 같이 산 것도 아니면서."

"내가 살아보니까 알겠어. 매일 하루에 두 번씩 지나다녔어."

여기 어디 근처에 동생이 살았던 집이 있는 것일까. 그렇다면 영무가 사는 집이 있다는 것이기도 한데. 유원지 근처에 살고 있었구나. 어딜까. 나는 주변을 두리번거리며 영무의 동생이 살았을 만한, 지금 영무가 살고 있을 만한 집이 있는지 살폈다. 하지만 실개천 옆에는 상가들만 즐비할 뿐 주택으로 보이는 건물은 없었다.

"어렸을 때는 한 번도 가보지 못했는데. 어린이날에조차 가보지 못한 곳이었는데. 동생은 매일 여기를 지나다니면서 좋았을까?"

"좋았겠지, 아마도."

아니 좋지 않았을 것 같아, 아니 모르겠어. 나는 속으로 생각했다.

"유원지를 가로질러 나가면 바로 버스정류장이 나오거든. 거기서 버스를 타면 한 번에 인력사무소까지 갈 수 있어."

"인력사무소?"

영무는 동생이 일을 구하던 인력사무소에 나가 일을 구한다고 했다.

"새벽마다 가. 일을 구하러."

영무의 동생은 회사나 공장에 취직을 해도 오래 버티지 못하고 금방 그만둬 버렸다. 사는 곳도 정하지 않고 여기저기를 떠돌았는데 안양에 자리를 잡은 뒤로는 정착했다. 안양에서 동생이 한 일은 무거운 걸 나르는 것이었다. 처음에는 서툴렀지만 점점 익숙해졌고 차차 더 무거운 것을 들 수 있게 되었고, 그래서 계속 계속 더욱더 무거운 것을 들고 남들이 꺼리는 높은 곳 혹은 깊은 지하로 오르거나 내려갔고, 나중에는 감당하지 못할 정도로 무거운 짐을 지고 내려가다가 사고를 당했다. 영무 역시 동생이 했던 일을 하고 있었다.

"곰방 일은 올라가는 것보다 내려갈 때 더 힘들어. 말로만 들었을 때는 그럴 리가, 했는데 실제로 해 보니까, 맞아. 등에 70킬로그램을 지고 계단을 내려갈 때는 숨이 딱 끊어질 것 같거든. 폐가 쪼그라들어서 숨을 들이마실 수가 없어. 그 자리에 주저앉고 싶은데 앉으면 다시는 일어날 수 없을 테니까 그냥 가는 거야. 가야 하니까 그냥 가는 거야."

사고를 당하던 그때 영무의 동생이 지고 내려갔던, 그 무거웠던 짐은 무엇이었을까. 시멘트? 흙? 돌? 타일? 나무? 철근? 머릿속에 몇 가지 물건들을 떠올려 보았지만, 그것들이 얼마의 부피가 되어야 70킬로그램이 되는지 짐작조차 되지 않았다. 물건이 아닌 것으로 무거운 것이라면, 그것은 하나 알고 있었다. 오래전, 엄마가 한밤중에 집을 나갔다가 아침까지 들어오지 않은 날이 있었다. 더 이상 어린이날을 기념하지 않아도 되는 나이였기 때문에 나는 그날 밤을 생생하게 기억하고 있는데 엄마는 기억나지 않는 척했다. 엄마, 있잖아. 그날 말이야. 그날 밤 어디 갔던 거야? 물어보면 엄마는 언제? 네가 자다가 꿈을 꾼 모양이네. 그 나이 때는 꿈을 많이 꾸는 법이지. 그래서 꿈하고 현실하고 헷갈리기도 하고 말이야. 그런 날은 없었어. 널 혼자 두고 나갔던 밤은 없었어. 그때 엄마가 들고 있던 가방을 나는 기억하고 있다. 꽤 무거웠던 것인지 엄마의 어깨가 한쪽으로 기울어 있었다. 엄마가 아니라고 해서 그 이후로는 묻지 않았지만 엄마가 가방을 들고 집을 나가던 장면을 잊을 수 없었다. 어쩌면 나를 들고 나가고 싶었지만 너무 무거웠기 때문에 들고 나갈 수 없었을지도 모른다는 생각을 한 적이 있었다. 들고 나가서 어딘가에 버리는 상상. 무거운 가방을 들고 집을 나서기 전 엄마가 내 머리맡에 앉아 말했다. 너만 아니면, 너만 아니었다면. 내가 아는 한 가장 무거운 것은 나였다. 내 존재가 누군가에게 무거운 것이라는 것을 안다는 것은, 그것을 알고 살아간다는 것은 주눅 드는 일이었다. 진 기억은 없지만 분명 내 앞으로 된 빚을 지고 있는 기분, 어디에 갚아야 할지 몰라 갚을 수도 없는 빚을 지고 살아가야 하는 시간. 그래서 누군가의 눈에는 내 발걸음이 무거워 보인 것인지도 모른다. 넌 너무 우울해, 수이가 나를 보며 자주 했던 그 말은 아마도 무거움에 대한 다른 표현이었을 것이다.

"꽤 오래 다녔대. 거기 소장이 그러더라고. 동생이 거기 나온 게 5년은 됐을 거라고."

"5년이나?"

"인력사무소라는 데가 그렇잖아. 뜨내기들이 들락거리다가 인사도 없이 사라져버리기 일쑨데 동생은 그러지 않았어. 한 곳에 진득하게 붙어있는 놈이 아니었는데, 여기서는 정착하고 살았던 거야."

"다행이네."

"다행이고말고!"

"소장님이 좋은 사람인가 봐?"

"좋은 사람?"

"아니, 그렇잖아. 소장님이 좋은 사람이니까 동생이 오래 다닌 게 아닐까? 아니면 다른 인력사무소로 갔겠지."

"뿌리를 내린 건 동생이야. 소장이 그렇게 해 준 게 아니고. 일을 구하는 날보다 대마찌 맞는 날이 더 많은데도 동생은 하루도 빠짐없이 나갔어. 그게 소장이 잘해서라고?"

아무것도 아닌 말에 영무가 발끈하는 바람에 나는 놀라서 걸음을 멈췄다.

"내 말도 같은 뜻이야."

나는 변명하듯 말했다.

"아니, 그렇지 않아. 네가 가르치는 여자들은? 남편이 좋은 사람이라서 한국에 살고 있는 거야?"

그건, 그건. 느닷없는 영무의 공격에 말문이 막혔다. 한국어교실에 나오는 그녀들이 모두 좋은 남편과 살 것이라고 확신할 수는 없었다. 반대일 확률이 높았다. 한국에 정착한 지 오래되었는데도 그녀들은 여전히 한 나라의 정주민도 한 가정의 정주민도 아니었다. 아이가 나를 부끄러워해요. 그게 제일 슬픕니다. 그렇게 말했던 이주여성은 결국 자기 나라로 돌아갔다. 수업을 마치고 인사를 할 때마다 그녀들 중 누군가는 내일 이 수업에 나오지 않을 수도 있겠다, 싶을 때가 많았다. 한국어 교실의 그녀들을 떠올리자 영무의 말에 반박할 말이 떠오르지 않았다. 그래서 그냥 영무의 얼굴을 물끄러미 바라보았다. 앞뒤로 걷다가 유원지에 들어서면서부터는 나란히 걸었는데 나는 걷다가도 슬쩍슬쩍 고개를 돌려 영무의 얼굴을 보았다. 괜찮은가, 편한가, 너무 힘들지 않아서 이상할 정도라고 했는데 그 말이 맞나, 그런가, 정말 그런가, 하고.

〉

뭔가 따뜻한 걸 먹으러 가는 길이었는데, 영무는 실개천 옆으로 쭉 늘어선 식당 쪽이 아닌 유원지 안쪽으로 계속 들어갔다. 그러다가 전망대라고 적힌 표지판 앞에 멈춰 섰다. 전망대 200미터.

"매일 유원지를 지나다니면서 전망대가 있다는 건 오늘 처음 알았어."

영무는 마치 어쩜 이렇게 중요한 것을 놓칠 수 있나, 하고 자신을 질책하는 듯한 표정으로 말했다. 영무는 확실히 조금 달라진 것 같았다. 사소한 것에 민감하게 반응하는 영무를 보며 누군가의 죽음이 산 사람에게 만들어 놓고 간 구멍에 대해 생각했다. 살았을 때는 몇 년이 지나도록 얼굴 한 번 보지 않고 지낸 사이였으면서, 형과 동생, 유일한 핏줄이라고는 하지만 둘은 서로의 일상에 조금도 관여하지 않는 관계였으면서, 영무와 10년을 알고 지내는 동안 동생에 대한 이야기는 한 번도 들어본 적이 없는데, 동생에게 간다거나 동생이 왔다거나 하는 말조차 들어본 적 없는데, 이렇게 사라지고 난 뒤에야, 완전히 무無가 된 뒤에야, 영무는 비로소 동생과 가장 가까워진 것 같았다.

"올라가 볼까?"

영무가 전망대 쪽으로 올라가기 시작했다. 200미터면 그다지 높지 않았다. 전망대가 있을 만한 높이는 아니지 않나, 생각하면서 영무의 뒤를 따랐다. 걸으면서 주변을 둘러봐도 어딘가를 전망할 만큼 높은 산은 없었다. 그러니까, 어쩌면 유원지에 어울릴 만한, 구색을 갖추기 위해 만들어 놓은 전망대일 수도 있었다. 올라가 봐야 막상 전망할 것은 아무것도 없는 그런. 당신의 꿈은 무엇이었나요? 가장 사랑하는 사람은 누구인가요? 가장 행복했던 순간은 언제였나요? 전망대로 올라가는 계단 챌판마다 이런 문구가 적혀 있었다. 어떤 질문은 질문 그 자체로 폭력적일 때가 있었다. 나는 꿈과 사랑하는 사람과 행복과 어떤 순간 등을 떠올려 보려고 노력했지만 아무것도 떠올릴 수 없었다. 계단을 오르는 일이 그 어느 때보다 더 힘들었다.

가장 돌아가고 싶은 때는 언제인가요? 라고 적힌 계단에 발을 디뎠을 때, 주머니에서 휴대폰 진동이 울렸다. 수이였다. 아메리카노 혹은 오렌지 주스, 나는 그 두 가지 메뉴를 떠올리면서 가만히 휴대폰을 쥐고 있었다. 진동은 멎지 않고 계속 울렸다. 나는 전화를 받는 대신 앞서가는 영무를 올려다보았다. 마치 처음부터 등산을 목적으로 온 것 같은 모습이었다. 패딩점퍼에 모자, 배낭, 그리고 등산화까지. 아, 어쩌면 저건 곰방 일을 할 때 입는 작업복일지도 모르겠다. 저런 차림으로 무거운 것을 지고 저렇게 계단을 오르는구나. 저게 작업복이자 일상복이고, 오르는 것이 일상이자 일이겠구나. 나는 언제까지나 계속 올라갈 것 같은 영무를, 너무 힘들지 않아서 이상하다는 영무를 바라보다가 고개를 떨궜다. 영무는 힘들어 보였고 나는 아무것도 해 줄 게 없었다. 한참 동안 계속 울리던 휴대폰 진동이 멎었을 때 나는 다시 영무 뒤를 따라 걸었다. 얼마나 걸었을까. 다리가 뻐근하게 아파왔고 숨이 찼지만 전망대는 나오지 않았다. 200미터는 벌써 지난 것 같은데.

"전망대가 있긴 한 걸까?"

"안내 표지판에 그렇게 적혀 있었으니까 있긴 하겠지."

"이렇게 낮은 산에 전망대가 있다는 게 이상하잖아."

"꼭대기에 올라가 보면 볼 게 있을지 어떻게 알아?"

"그럴까?"

얼마나 올랐을까. 갑자기 계단이 끊어지더니 평지가 나왔다. 평지에는 한 무리의 사람들이 돗자리를 깔고 앉아 있었다. 화려한 등산복을 입은 그들은 추위 따위는 아랑곳없다는 듯 막걸리를 마시며 큰 소리로 웃고 있었다. 평지 뒤로는 절개지였다. 무슨 공사를 하기 위해 산을 깎은 것인지, 직각으로 깎인 절벽은 마른 넝쿨로 뒤덮여 있었고 응달쪽엔 고드름이 길게 매달려 있었다. 나는 고개를 뒤로 한껏 젖히고 위를 올려다보았다. 금방이라도 낙석이 굴러떨어질 것처럼 아슬아슬하게 보였는데 그 아래 돗자리를 깔고 앉은 사람들은 전혀 불안해하지 않는 듯했다. 영무는 그 무리 옆에 우뚝 멈춰 서서 그들을 지켜보았다. 왜 그래? 영무의 행동이 무례하게 보여서 나는 그의 소매를 슬쩍 잡아당기며 가자, 하고 말했다. 그때 큰 소리로 웃고 있던 남자가 휘청거리며 일어서더니 영무 앞으로 다가와 종이컵을 내밀었다.

"한잔 드릴까?"

영무는 가만히 종이컵을 바라보고 섰다가 한 잔 주십시오, 하고 말했다. 남자는 종이컵 가득 막걸리를 따라주었다.

"한 잔 더 주십시오."

영무가 막걸리를 원샷한 뒤 빈 컵을 남자 앞으로 내밀며 말했다. 맡겨놓은 것을 달라는 사람처럼 당당한 목소리였다.

"하, 재밌는 젊은일세. 그래. 한 잔 더 받으시게."

남자는 좀 어이가 없다는 말투였지만 술은 가득 따라주었다. 영무는 단숨에 잔을 다 비우고는 빈 컵을 남자에게 돌려주면서 집에서도 이렇게 웃습니까, 하고 물었다.

"집? 집에서야 웃을 일이 없지!"

남자는 뭐 이렇게 이상한 자식이 다 있나, 하는 표정으로 영무를 보면서 밖이니까 이렇게 웃지, 하고 덧붙였다.

"집에서도 웃으십시오."

무슨 의도로 한 말인지 알 수 없었지만 영무의 말은 무례하게 느껴졌다. 무리의 사람들이 화를 내지 않을까, 걱정되었지만 영무를 이상한 눈으로 잠깐 쳐다보다가 이내 다시 술잔을 돌리며 높은 소리로 이야기를 주고받았다.

"전망대까지는 먼가요?"

자리를 뜨기 전 내가 무리를 향해 물었다.

"전망대? 여기 전망대가 있었나? 그런 데가 있었어?"

무리의 사람들이 서로 눈짓을 하며 갸웃거렸다.

"아, 그거 철거됐을 걸. 거긴 뭣 하러 가. 올라가 봐야 볼 것도 없을 텐데."

"무리 중 누군가가 말했다. 영무는 그 말을 들은 것인지 어쩐 것인지 아무런 반응이 없었다. 막걸리 두 잔에 취한 것처럼 몸을 이리저리 흔들면서 서 있을 뿐이었다. 전망대가 없대. 철거됐을 거라는데. 내가 말해도 영무는 말이 없었다. 이제 정말 어디 들어가서 따뜻한 거라도 먹어야 할 것 같았다. 내가 방향을 돌려 계단을 내려가려고 하자 있을지도 모르잖아, 하고 영무가 말했다. 그리고는 절개지 옆으로 난 계단을 따라 올라가기 시작했다. 그때 뒤에서 크게 웃는 소리가 들렸다. 우리 이야기를 하며 웃는 것 같아서 뒤를 돌아보았지만 무리 중 누구도 우리 쪽을 보고 있지는 않았다.

영무는 빠르게 계단을 올라갔다. 나는 뒤처지지 않기 위해 숨을 헐떡이며 열심히 영무의 뒤를 따라 올라갔다. 몸에 열기가 올랐다. 숨을 쉴 때마다 하얀 입김이 나올 정도로 차가운 날씨였지만 걸을수록 더위가 느껴졌다. 외투를 벗으려고 할 때 호주머니에서 진동이 울렸다. 보지 않아도 수이 전화일 게 분명했다. 수이가 아메리카노를 마신다 해도 오렌지 주스를 마신다 해도 뭐라고 해 줄 말이 없었다. 그것보다는 점점 더워지고 숨이 차서 제대로 걸을 수가 없었다.

"좀 천천히 가."

영무를 불렀다. 영무는 내 말을 듣지 못한 것인지 뒤돌아보지 않고 계속 올라갔다. 영무와의 간격이 꽤 벌어졌다. 영무야, 넌 수이 어디가 좋아? 수이와 헤어졌잖아. 이제 그냥 친구일 뿐이잖아. 그런데도 왜 기다리는 거야? 왜 그렇게 좋아하는 거야? 가쁜 숨을 몰아쉬며 조용히 영무에게 물었다. 영무의 귀에 들리지 않을 정도로 작디작은 소리로. 밝아. 밝잖아. 우리한테 없는 밝음이 수이한텐 있잖아. 영무의 목소리는 들릴락 말락 할 정도로 작았지만 송곳처럼 날카롭게 내 귀에 와서 꽂혔다. 나는 난데없는 영무의 대답에 놀라 걸음을 멈췄다.

"밝아, 확실히. 우리하고는 달라. 무거운 거, 우리가 지고 다니는 무거운 짐 같은 게 수이한테는 없어."

영무가 걸음을 멈추고 말했다. 우리라니? 어둠이라니? 우리에겐 없는 밝음? 우리가 지고 다니는 무거운 짐? 우리에겐, 너하고 내겐 없는 가벼움? 그게 어떤 종류의 밝음인지, 그게 어느 정도의 가벼움인지 따져 묻고 싶었지만 말이 나오지 않았다. 수이는 어린이날이면 어김없이 유원지에 갔을 거야. 내게도 종종 놀이동산에 가자고 했는데 내가 싫다고 했어. 싫다니까 또 그냥 자기도 갑자기 가기 싫대. 그리고는 그냥 웃어. 영무는 천천히 걸어가면서 계속 수이 이야기를 했다. 나는 그 자리에 멈춰섰다. 영무의 말을 더는 듣고 싶지 않았다. 수이의 밝음에 대해서도 나의 무거움에 대해서도 더는 듣고 싶지 않았다. 한참 동안 그 자리에 멈춰서 있다가 영무의 뒤를 따라갔다. 그리고 영무의 등에 대고 말했다.

"수이가 왜 같이 안 왔는지 말해 줄까?"

"뭐?"

"수이가 지금 뭘 하고 있는지 아느냐고?"

영무가 멍하니 내 얼굴을 쳐다보았다.

"수이는 말이야."

수이는 말이야, 하고 말한 뒤 내 입에서는 수이는, 선을, 걔 엄마가, 그 남자는, 결혼을, 너는, 결혼상대자는 아닌, 알아? 그런데도, 하는 말들이 끝도 없이 흘러나왔다. 영무의 얼굴이 점점 어두워졌다. 그러다가 그의 눈에 알 수 없는 감정이 떠오르는 것이 보였다. 경멸이 아닌 이해, 배척이 아닌 애잔함, 왜 수이에 대해 그런 말을 하는지 알겠다는 끄덕임. 하지만 아무리 그렇게 말해도 내게 수이가 없으면 희망이 없어, 하는 고백. 이런 감정들이 뒤엉킨 영무의 눈빛을 보는 순간 정신이 번쩍 들었다. 내가 지금 무슨 말을 하고 있는 것인가. 영무가 숨을 쉴 때마다 하얀 입김이 그의 얼굴을 희미하게 가렸다. 입김이 나올 때마다 보였다 말았다 하는 영무의 얼굴을 보면서 영무 눈에도 내가 보였다 말았다 하겠구나, 하고 생각하는데 뚝, 눈물이 떨어졌다.

"계속 가 보자."

내가 눈물을 닦을 동안 가만히 서 있던 영무가 다시 계단을 오르기 시작했다. 나는 영무를 따라 올라가야 할지 아니면 이대로 내려가야 할지 주춤거리다가 곧 영무 뒤를 따라 올라갔다. 절개지 꼭대기까지 올라갔지만 전망대는 찾을 수 없었다. 나는 이제 그만 내려가야겠다고, J시로 돌아가야겠다고 말했다. 이대로 가면 어쩌느냐고, 따뜻한 거라도 먹자고 영무가 말했지만 나는 고개를 저었다.

"그럼, 시외버스터미널까지 바래다줄게."

"J시로 가는 버스는 없어. 기차를 타야 해."

"버스가 없어? 없구나."

터미널이 아니라 역에서 보자고 왜 말하지 않았어? 영무가 의아한 표정으로 물었을 때 나는 문득 수이의 밝음과 가벼움, 내게는 없는 그것들이 어떤 것들인지 알 것 같았다. 자기 무게를 지고 다니지 않는 사람의 밝음이란 어떤 것인지, 그것이 영무에게 얼마나 큰 위안이 되는지 알 것 같았다.

　우리는 갔던 길을 되짚어 걸었다. 지나왔던 시간을 온전히 거슬러 가는 것처럼, 계단을 내려가서 유원지를 가로지르고 지하도를 지나 터미널 쪽으로 갔다가 거기서 역으로. 영무는 기차가 출발할 때까지 플랫폼에 서 있었다. 그 모습은 마치 배웅하러 온 게 아니라 마중 나온 것처럼 보였다. 나는 기차 안에 앉아서 손을 흔들었다. 기차가 출발하자 영무도 손을 흔들었다. 나는 다시 안양에 올 날이 있을지 장담할 수 없었지만 다시 올게, 하고 입모양으로 말했다. 영무가 계속 손을 흔들었지만 나는 뒤돌아보지 않았다.

　기차는 더디게 달렸다. 창밖엔 서서히 어둠이 내리기 시작했다. 나는 한동안 날이 어떻게 어두워지는지를 살피다가 전화를 걸었다. 한참 만에야 왜, 하고 엄마가 전화를 받았다. 나는 '엄마, 엄마한테 난 얼마나 무거웠어?' 물으려다가 엄마, 엄마, 하고는 전화를 끊었다. 더딘 기차는 한밤중에야 J시에 닿을 것이다. 영무는 어떻게 지내? 나도 갔어야 하는 건데. 잘 지내지? 수이가 물으면 뭐라고 대답할지 생각할 시간은 아직 많이 남아있었다.

[작가노트]

경주 불국사 안양문 앞에 섰을 때 나는 어떤 일인가로 마음이 몹시 어지러웠던 때였습니다. 힘든 마음을 달래기 위해 경주 불국사를 찾았고 그날 처음 경주 불국사에 안양문이 있다는 걸 알게 되었습니다. 어린 시절부터 수십 번은 갔을 불국사였는데 말이지요. 아마도 그 전까지는 '안양'이라는 낱말이 나와 접점이 없었나 봅니다. 그러다 그날 처음 나는 안양문 앞에 서게 되었고 그 안양이라는 말에서 큰 위로를 받았습니다. 그리고 실제로 안양이라는 도시가 있다는 것을 떠올렸고 경기도 안양으로 향했습니다.

안양에 가서 무엇을 할까, 계획은 없었습니다. 안양에 도착한 나는 그냥 걸었습니다. 낯선 도시를 걸어 다니다가 다시 집으로 돌아왔습니다. 집으로 돌아와 이 소설을 쓰기 시작했습니다. 사람이 곧 안양 같다는 하나의 생각을 붙잡고 썼습니다. 극락이면서 동시에 존재하지 않는 곳! 한없이 좋은 것을 주면서 동시에 언제든 마음을 거두어 가 버릴 수 있는 존재! 내게는 두 가지가 같아 보였습니다.

실제로 안양에 갔을 때 아무것도 하지 않고 걷기만 하다가 돌아온 것처럼 사람을 만나는 것도 그런 것 같습니다. 어떤 대단한 일이 벌어질 것 같지만 그냥 만나고 헤어지니까요. 그리고 그 작은 틈들 사이에 칼바람이 불고 햇빛이 들기도 하지요. 그래서 있을 것 같지 않지만 그렇다고 없다고 장담할 수도 없는 전망대를 찾아 올라가는 심정으로 오늘도 너를 만나고 나를 만납니다.

둘만 있는 세계

김동하

1. 소년

무료했다. 어른들이 사라진 지 4일째. 지난 4일간 스쿨버스는 오지 않았고 나는 학교에 가지 않았다. 돌아오지 않는 어른들 때문에 징징거리기에는 혼자 지내며 해보고 싶은 게 많았다. 이튿날까지는 게임만 했다. 3일째가 되자 인터넷이 끊겼다. 그때부터는 투니버스와 음악프로그램을 번갈아봤다. 끼니는 죄다 라면으로 때웠다. 라면은 먹어도, 먹어도 맛있었다. 그리고 오늘 아침 전기가 끊겼다. 그러자 잊고 있던 사실이 떠올랐다. 맞아. 어른들이 사라졌지. 실감이 나지 않아 생각을 입 밖으로 뱉어 보았다.

어른들이 사라진 것보다 전기가 끊긴 사실이 두려웠다. 전기가 끊긴 집은 이전에 알던 집과 달라 보였다.

집을 나선 내가 선택한 건 낚시였다. 창고에서 아빠가 사용하던 낚싯대를 챙겨 집을 나섰다. 대문을 나서는 순간 다시는 집에 돌아오지 않을지도 모르겠다는 생각이 들었다. 대문 너머로 보이는 우리 집이 이웃한 여러 집 중 하나로만 여겨졌다. 원래도 정적이던 마을은 시간이 멎은 듯 고요했다. 어쩌면 세상은 고요하게 붕괴하고 있는지도 몰랐다.

무료한 낚시에 나는 언제부턴가 찌가 아닌 다른 곳에 시선을 두는 시간이 늘어났다. 그러다 내 또래로 보이는 소년을 발견했다. 소년은 노을을 등지고 있었다. 역광에 얼굴을 확인하긴 어려웠지만 체구와 옷차림으로 보아 소년이 분명했다. 나는 보의 제방에 있었고 소년은 보의 물이 넘쳐흐르는 하류에 있었다. 바닥을 보며 걷다 이따금 뭔가를 들추고는 했다. 나는 낚싯대를 놓고 소년이 있는 개울로 이동했다. 내가 방죽을 돌아 개울가에 내려설 때까지도 소년은 인기척을 느끼지 못했다.

"야!"

소년이 내 목소리에 고개를 들었다. 소년의 새하얀 피부색을, 해서 병약한 느낌이 드는 살색을 보는 순간 두 달여 전 한 소년이 우리 마을에 있는 자신의 외가로 왔다는 소문이 떠올랐다. 그 아이인가. 내 예상이 틀림없다면 소년 역시 사람을 본 건 4일 만일 것이다. 그러니 나를 보고 놀랄 만도 했으나 소년은 그러지 않았다.

소년은 탐험가들이나 쓸 법한 둥근 챙의 모자에 커다란 상아색 배낭을 메고 있었다. 얼핏 볼 땐 나와 비슷한 또래로 보였으나 나보다 한 뼘쯤 작은 키와 나를 보고도 놀라지 않는 태도 때문에 나이를 종잡기 어려웠다. 나는 소년의 나이를 내 나이에 맞추기로 했다.

"너 뭐해?"

내 목소리를 듣지 못한 걸까. 소년은 여전히 이리저리 땅바닥만 살피며 걸었다.

"뭐하냐니까?"

"화석을 찾는 중이야."

비로소 대답이 들렸다. 그런데 화석이라니. 눈앞의 소년이 생각보다 어릴지도 모르겠다. 그러나 개울에서 화석을 찾는다고 해서 이상한 일도 아니었다. 하루아침에 마을 사람들이 죄다 사라진, 더 믿기지 않는 상황도 겪은 후니까. 화석이 아니라 외계인의 발자국을 찾고 있다 하더라도 받아들일 수 있을 것 같았다. 거기다

"넌?"

이라고 되물어오는 질문을 듣자 하긴 나도 그냥 놀던 중이었지, 하는 생각이 들었으니까.

4일 전 단체관광이라도 떠난 듯 어른들이 사라졌다. 아침에 눈을 뜨고 알게 된 사실이었다. 모든 게 그대로였는데 어른들만 증발한 듯 자취를 감췄다. 내 부모만 보이지 않을 땐 단순히 외출이라 생각했지만 마을 어디에도 어른들이 없단 사실에 생각이 마비됐다. 어쩌면 마을 어른들이 단체로 어딘가에 있을 행사장으로 떠났을지도 몰랐다. 그러나 마을엔 나 홀로 남았으므로 상황을 물어볼 상대도 없었다. 엄마 번호로 몇 차례 전화를 걸었지만 연락이 되지 않았다. 119에도 연락이 안 되는 걸 보면 통신 자체가 안 되는 것 같았다.

시간이 지나면서 다른 것들도 끊기기 시작했다. 통신에 이어 인터넷과 전기도 끊겼다. 그래서 저 밀가루 반죽 덩어리 같은, 여느 때였다면 별 관심을 끌 일 없었을 소년의 등장에 심장 박동이 빨라졌던 거다.

소년은 제 이름을 밝히지 않았다. 어차피 우리 둘뿐이었으므로 이름은 불필요하기도 했다. 우리는 상황에 따라 '너'와 '야'를 병행해 가며 불렀다. 야는 병이 있다고 했다. 보름 전 엄마와 외가에 온 것도 자신의 요양 때문이라고 했다. 내 또래의 입에서 요양이란 말이 아무렇지 않게 나왔다. 나는 야의 병명이 궁금했으나 묻지 않았다. 그 이유는 나도 모르겠다.

놀랍게도 야가 등에 짊어지고 있던 건 텐트였다. 비록 2인용 작은 텐트였지만 눈앞에서 직접 본 건 처음이었다. 텐트 안에서 뒤척이던 나는 야의 손을 잡아끌고 밖으로 나왔다. 야는 낚시가 처음이라고 했다. 나는 하나뿐인 낚싯대를 야에게 넘겼다. 야는 곧 낚시에 흥미를 갖게 됐다.

"그런데 이것들은 어떻게 할 거야?"

야가 양동이 안에 들어있는 물고기들을 보며 물었다. 생각해 보니 그걸 생각 안 했다. 이전에는 집에 가져가면 매운탕이 되어 밥상에 올라왔지만 이제 더 이상 내 낚시질은 식량으로 전환될 수 없는 상황이었다. 요리해 줄 사람이 없었다.

"놔줘야지."

"하지만 이미 죽은 것도 있는데."

"그건….'

나는 순진한 애처럼 묻어주자고 해야 할지, 악동처럼 버리자고 해야 할지 몰라 망설였다.

"그럼 구워 먹자."

야가 천연덕스럽게 말했다. 비린내 나는 물고기 손질은 그렇게 해서 시작된 거였다.

  나는 내 동네에서 이방인에게 끌려가고 있다는 생각이 들어 슬쩍 배알이 뒤틀렸다. 그러나 노골적으로 싫은 티를 내는 건 정말로 난 애라고 인정하는 꼴이었다. 그래서 오히려 대인배처럼 굴기로 했다. 내게는 늘 있는 일이니 이 흥미진진한 체험을 네게 일임한다는 태도로 야의 행동을 지켜보기로 했다.
"넌 왜 안 해?"
  세 마리째 피라미의 내장을 빼내던 야가 물었다.
"난 민물고기 안 좋아해."
"무섭니?"
"무섭긴. 불쌍해서 그러지. 그러는 넌 아무렇지도 않아?"
  야는 대답을 보류한 채 피라미의 내장 짜내기에 집중했다. 내장과 부레가 핏물에 섞여 흘러나왔다. 부레가 개울에 떠내려가는 것을 보며 나는 피라미의 죽음을 연민하는 표정은 어떤 걸까 고민했다. 야가 물고기의 배에 칼집을 넣는 장면은 내 아버지가 마당에서 오리를 잡던 모습과 닮아 있었다.
  도마 위에서 머리와 몸통이 분리된 오리는 놀라운 생명력을 과시하며 되돌릴 수 없는 사망 선고를 부인하는 것 같았다. 머리는 머리대로 눈과 입을 움직였고, 문제의 몸통은 피에 젖은 목을 휘두르며 버둥거렸다. 저녁 밥상에 올라올 오리탕을 상상하며 구경하던 나는 머리 없는 오리를 피해 마당을 뛰어다녀야 했다. 죽은 오리는 무서웠다.

우리는 자리를 이동해 모닥불을 살폈다. 모닥불은 내가 살필 필요도 없이 잘 타고 있었다. 해가 긴 7월이었고, 노을이 사라지고도 남은 햇빛이 있어, 햇빛과 달빛이 뒤섞인 탁한 반물빛이 감돌았다. 어둑한 개울가를 지배하는 건 소리였다. 냇물이 흐르는 소리, 타닥타닥 모닥불 타는 소리, 풀벌레들이 우는 소리. 여러 마리의 풀벌레가 내는 소리는 끊어지지 않고 이어졌고 일정한 음높이로 밤새 지속됐다. 고압 전류가 흐르는 소리와 닮은 풀벌레 소리가 섬뜩하게 들렸다. 나는 마지막으로 남은 두 명의 친구가 이사를 떠난 뒤로는 늘 혼자였다. 그래서일까. 어른들이 죄다 사라졌어도 새삼 쓸쓸하다거나 두렵다는 생각은 크지 않았다. 다만 조금 불편했다.

"생물은 생물을 먹고 사는 거야. 다른 생물의 죽음을 먹고 사는 거지."

다 익은 물고기 한 마리를 건네며 야가 말했다. 생물이니 죽음이니 하는 어휘를 무심히 내뱉는 야의 태도에 나는 주눅이 들었다. 그런 야가 어른스러워 보였다.

"널 만나고 확실해졌어."

"뭐가?"

피라미의 탄 부분을 떼어내며 야가 되물었다.

"나만 남은 줄 알았는데 너도 남았어. 이걸로 어른들만 사라진 게 확실해졌어. 버스가 오지 않는 이유도, 버스는 어른이 운전하기 때문이지."

"어쨌든 뭐 나쁘지 않아. 이런 상황이야말로 늘 바라던 순간이니까."

야의 말에 울컥 화가 났다. 우리가 아무리 애들이라지만 부모가 말도 없이 4일째 돌아오지 않고 있다면 걱정을 하는 게 옳았다. 하지만 이런 상황을 바라왔던 건 나 역시 야와 같았으므로 아무 말도 하지 않았다. 나도 야처럼 지금 상황에 만족하고 있는지는 모르겠다.

마을에 살던 아이 셋 중 둘은 제 의지와 상관없이 이사 갔다. 나와 나이는 다르지만, 친구나 다름없던 상일이 형과 세인이가 그랬던 것처럼 우리의 의지와는 상관없이 떠난 어른들이니까 또한 우리의 의지와는 별개로 돌아올 것이다. 나는 그날까지 최대한 재밌게 놀기로 마음먹었다. 혼자였으면 슬슬 싫증이 들었겠지만, 둘이 됐으니 어떤 식으로든 재밌는 일이 생기지 않을까.

2. 아지트

 어른들이 사라진 뒤로 나는 엄마, 아빠의 얼굴조차 선명하게 떠올릴 수가 없었다. 생각해 보니 의식적으로 엄마와 아빠의 모습을 떠올려 보려 시도한 건 처음이었다. 고작 옷차림 정도가 떠오를 뿐 손도 발도, 얼굴도 안개에 가린 듯 뿌옇게만 그려졌다.
 나만 진짜라고, 내 주변의 사람들은, 심지어 부모조차도 가짜라고 생각하고는 했다. 부모는 그저 나를 성장시키기 위해 존재하고, 마을 사람들은 성장해 가는 나를 지켜보기 위해 존재한다고 믿었다. 나는 그런 그들을 흘려봤다. 시간은 늘 나를 빗겨 흘렀다. 산다는 건 그 시간의 흐름에 휩쓸려 허우적거리는 사람들을 지켜보는 일이라 생각했다. 그래서 내 주위에 벌어지는 일들에 대해 나는 무심했다. 한 마디로 온 우주가 나를 중심으로 돈다고 생각했던 거다.
 우리 마을은 이십여 가구가 채 안 된다. 아이가 있는 집이라고는 우리 집뿐이었다. 이 마을 내에서 나는 공동의 소유물과 같았다. 나는 늘 화제의 중심이었고 내 일거수일투족이 관심거리가 됐다. 모내기가 한창일 때는 논두렁을 지나가다가도 개다리춤으로 흥을 돋우어야 했으며 찬거리가 나올 때는 소주를 입에 댄 후 화들짝 놀란 얼굴로 김치를 찾는 해프닝도 벌여줘야 했다. 그러나 그런 해프닝은 가끔 있는 일이었다.

내가 정말 견딜 수 없던 건 이 마을의 정적인 분위기였다. 마을 전체가 유적지 같았다. 마을 사람들은 늘 느릿한 몸짓으로 지겨운 일을 해냈고 늘 먹던 반찬에 밥을 먹었으며 해가 떨어지면 곧 잠자리에 들었다. 누구도 그런 삶에 의문을 제기하지 않았다. 나는 이 느린 사람들이 좀비처럼 여겨지고는 했다. 이 마을에서 의문이란 걸 품고 사는 사람은 나뿐인 것 같고 그게 내가 우주의 중심이 된 이유였다. 그런 생각들은 나를 특별한 존재로 승격시켜 주었지만 동시에 쓸쓸하게 했다. 내 생각들은 밖으로 나오지 못한 채 내 안에서 태어나 내 안에서 시들었다.

뒤처진 야를 기다리다 다시 걷기를 반복하며 마침내 목적지에 도착했다. 혼자라면 삼십 분도 안 걸릴 거리를 무려 한 시간이나 걸려서 왔다. 야는 예상대로 저질 체력이었다.

우리에게는 총 세 개의 아지트가 있었다. 상일이 형과 세인이가 전학을 가기 전까지는 그랬다. 내가 야를 이끌고 온 곳은 상일이 형의 아지트였다. 정확히 말하자면 상일이 형이 개척한 우리들의 아지트였다. 사람의 발길이 거의 없는 야산이었다. 마땅히 아지트로 삼을만한 장소도 없었다. 그런 산속에서 상일이 형의 관심을 끈 장소가 후손들로부터 버림받은, 잡초가 무성한 무덤가

였던 거다. 멧돼지의 소행인지 절반가량이 파헤쳐져 있어 자세히 들여다보면 관이 보일 것 같은 무덤이었다.

"우리 아빠 머리 같아. 탈모가 있거든."

자신의 아지트를 소개하면서 상일이 형이 했던 말이다. 두려운 마음을 달래고자 속으로 몇 번인가 되뇌다 뱉었을, 그런 농담이었다. 웃길 리 없는 유치한 말이었지만 당장이라도 관뚜껑이 보일 듯한 무덤의 스산함이 우리를 웃게 했다.

웃음이 끝나려 하는 끝자락이면 누군가 한 사람이 다시 웃음을 터뜨렸고 해서 끊길 듯 끊어지지 않는 웃음이 이어졌다. 배가 당길 때까지 웃고 나서 본 무덤은 웃기 전에 봤던 무덤이 아니었다. 여전히 괴기스럽긴 했지만 버림받은 무덤이라는 이미지와 측은한 마음이 더 컸다. 상일이와 세인이도 나와 같은 심정일 것이다. 10년을 한 마을에서, 심지어 부모 세대부터 알고 지낸 사이가 아닌가. 그러나 우리 중 누구도 파헤쳐진 무덤에 흙 한 줌 덮어주지 않았다. 아마도 이런 생각이 들었던 것 같다. 이런 건 어른들이 하는 일이다, 라는. 그처럼 불길한 장소에 대해 갖는 측은한 마음은 우리 같은 아이들의 영역을 넘어선 것이었다.

셋 중 아지트의 개념을 최초로 받아들인 건 세인이었다. 도시에 사는 제 사촌에게서 아지트에 대해 들어버린 게 동기였다. 제대로 된 설명은 아니었다. 그마저도 세인이라는 징검다리를 거치면서 본래 의미가 와전됐을 수도 있다. 그 증거로 하나면 충분할 아지트를 의견 불일치의 이유로 세 곳이나 정하지 않았는가. 엄밀히 따지자면 그건 아지트가 아니었다.

세인이는 분식점, 문방구, 햄버거 가게 들을 반복해서 중얼거렸고 정말로 버스를 타고 사십 분이나 걸리는 시내에 아지트를 차리려고 했다. 그러나 누구도 동의하지 않았기에 결국 세인이의 아지트는 주인 없는 아름드리 너도감나무 그늘이 됐다.

"여기야. 뭐 별건 없어."

싱거워할 거라는 내 예상과는 달리 상일이 형의 아지트를 본 야는 감탄했다.

"대단해. 이건 파헤쳐진 무덤이잖아."

"파헤쳐졌을 뿐 평범한 무덤이지."

"아니야. 이건 뭐랄까. 맞아, 유적 발굴 현장 같아."

야의 감탄은 말로만 그친 게 아니었다. 야는 겁도 없이 무덤 가까이 다가갔다. 상일이 형조차도 무서워서 바투 다가가지 못했는데, 야는 "대단해"란 말을 반복하며 파헤쳐진 무덤 안으로 들어갔다. 나는 슬슬 겁이 났다. 야에게 그만 돌아갈 것을 제안했지만 야는 여전히 "대단해"라는 말만 반복했다. 야는 배낭에서 뭔가를 꺼내 들더니 파헤쳐진 무덤을 더 파기 시작했다. 조금 전까지 힘들게 산을 오른 아이라고는 믿어지지 않았다. 겁이 난 내가 그만두라고 말리려던 때 야의 한숨 소리가 들렸다. 그 한숨에 나는 올 것이 오고 말았다고 생각했다.

"시, 시체야?"

"아니, 뿌리야. 뿌리들이 관을 휘감고 있는 것 같아."

나는 뿌리라는 말에 안도하며 조심히 파헤쳐진 곳을 들여다봤다. 야의 말대로 나무뿌리들이 관으로 보이는 형태를 휘감고 있었다.

"생각났어. 아빠한테 들은 말인데 원래 나무뿌리들은 시체를 향한대. 아마 멧돼지가 여기를 판 것도 이 뿌리들을 먹으려고 그런 걸 거야."

야는 어린이용 야삽으로 뿌리 일부를 토막 내기 위해 땀을 뻘뻘 흘렸다. 이해가 될 법한 행동이었으므로 나는 기다렸다. 우리 나이에는 무의미한 것들을 모으기도 한다. 일단 수집하고 나면 무의미한 것에 의미가 생기기도 하니까. 야는 힘들게 잘라낸 뿌리 토막을 배낭에 챙겼다.

3. 믿기 게임

"아버지에게 들은 이야긴데 우리 마을에서는 비바람이 불 때면 물고기들이 하늘에서 떨어질 때도 있었는데."

"물고기가 하늘을 날았다고?"

나는 고개를 끄덕였다.

"그런 게 가능할 리 없잖아."

"어른들이 다 사라지는 일도 생겼는데 뭐."

"하긴."

우리는 세인이 아지트에서 캐온 감자를 구워 먹으며 믿기 게임에 빠졌다. 야의 아이디어인 이 게임은 상대가 믿기 어려운 말을 털어놓으면 그걸 믿어주어야 하는 릴레이였다.

"좋아. 이번에는 내 차례야. 나는 유에프오를 본 적이 있어. 이 년 전에 아빠랑 캠핑을 간 적이 있는데 그날 밤에 거대한 비행 물체가 서서히 산 너머로 착륙하는 걸 봤거든. 처음에는 비행기라고 생각했는데 수직으로 착륙하는 거야. 거기다 깜박이는 불빛들을 연결해 보니 원반 형태였어. 그런데 아빠한테 내가 보았던 걸 말했더니 산 너머에 공군기지가 있다는 거야. 그래서 지금까지 그날 내가 본건 헬리콥터였구나 하고 생각했는데 어쩌면 정말 유에프오일지도 몰라."

"맞아. 그건 틀림없이 유에프오였을 거야."

내가 맞장구쳤다. 하지만 억지 맞장구가 아니라 어쩌면 진짜 유에프오였을 지도 모른다고 생각했다. 일어날 수 없는 일 따위는 없다. 우리는 이미 일어난 일들과 일어날 수 없다고 생각한 일들이 일어나버린 세상에 살고 있으니까. 다만 인정하고 싶지 않을 뿐이었다. 어른들이 감쪽같이 사라져 버리는 일도 더는 일어날 수 없는 일이 아니다. 이미 일어났으니까. 그런 이유로 나는 야의 의견에 동조했다. 다시 내 차례였다.

"며칠 전 세상이 종말했다는 사실을 믿을 수 없어. 종말이란 게 이렇게 시시할 수는 없잖아."

"정말 종말한 걸까?"

"인터넷이며 전기며 다 끊겼잖아. 아마 다른 곳의 상황도 여기와 비슷할 거야."

"그래도 아이들은 남았을 거 아냐? 그럼 종말은 아니지 않아? 아니지. 아이들만 남았으니까 곧 종말이 오고 말 거야. 그러니까 나는 현 인류가 끝장났다는 사실을 믿겠어."

야는 거의 질 뻔했던 위기를 간신히 넘겼다. 게임은 계속됐다. 믿을 수 없는 일은 생각처럼 많지 않았다.

"내가 어른들보다 빨리 죽는다는 게 믿을 수 없어. 이제 겨우 열 살인데."

한동안 야의 말을 이해할 수 없었다. 그러다 야의 파리한 얼굴에서 그 말의 의미를 짐작했다. 더는 게임을 지속할 수 없었다. 야의 덤덤한 표정은 조금 전에 자신이 한 말을 받아들이라 강요

하고 있었다. 나는 화가 났다.

"그건 믿을 수 없어."

"그럼 네가 진 거야?"

"아니. 게임의 규칙을 어겼으니까 네가 진 거야. 우리가 지금까지는 했던 이야기들은 다 있었던 일들이었는데 넌 일어나지도 않은 일을 말했잖아."

나는 내가 억지를 부리고 있다는 사실을 알고 있었다. 하지만 도저히 인정할 수 없었다. 지금까지 우린 사실이든 거짓이든 별 상관없는 이야기들을 했지만 조금 전 야의 이야기는 그렇지 않다. 그건 사실과 거짓 여부를 떠나 지나치게 현실적인 이야기였다.

어쩌면 나는 어른들이 사라진 사실 또한 진실로 받아들이지 못하고 있는지도 모른다. 그렇기에 이처럼 태연할 수 있는 게 아닐까. 고작 12살, 세상의 종말에 대해 내가 취할 수 있는 태도는 그 종말에 대한 믿음을 늦추는 것뿐이었다. 그런데 야의 조금 전 말이, 우리도 죽을 수 있다는 사실이 애써 미뤄둔 종말을 확 앞당겨버린 거다.

나는 대꾸 없는 야를 등지고 마을을 향해 걸었다. 곧 뒤따르는 야의 발소리가 들렸다. 그 발소리가 들리지 않았다면 더 화가 났을 거다. 어쩌면 나는 분노와 불안을 구별하지 못하고 있는 건지도 모른다. 뒤따르는 야의 발소리에 마음이 놓였다.

야의 외갓집은 할머니 혼자 사는 집이었다. 굳이 야가 안내하지 않더라도 위치 정도는 알고는 있었다. 우리는 대문 대신 일부가 무너진 담장을 넘어 마당에 들어섰다. 우리를 발견한 굶주린 닭 두 마리가 다가왔고 야는 걸음을 빨리하며 피하듯 대청마루에 올랐다.

야의 방은 다락방이라고 불릴 만큼 좁았다. 그 점이 마음에 들었다. 좁은 방의 모퉁이 두 곳에 커다란 상자들이 쌓여 있었다. 내용물을 짐작할 수 없는 상자들이었다. 낡은 책상에는 몇 권의 책과 이제는 무용지물이 된 데스크탑이 있었다. 그중 미스터리 백과사전이라는 두꺼운 책이 시선을 사로잡았다. 이상한 냄새를 맡게 된 건 방에 발을 들였을 때였다. 햇볕에 잘 마른 짚단 냄새랄까, 나는 상자의 내용물들을 의심했다.

방에 들어서자마자 야는 배낭에 있던 것들을 빼냈다. 빈 물통, 젖은 수건, 과자 봉지들, 상일이 형 아지트에서 수집한 나무뿌리 일부, 그리고 뼈? 두 눈을 의심했지만 그건 정말 뼈였다. 개나 고양이의 두개골 같았다. 어안이 벙벙해진 나를 두고 뼈를 든 야가 일어섰다.

"아직 놀라긴 일러."

자리에서 일어난 야가 쌓여 있는 상자 하나를 힘겹게 내렸다.

"열어봐."

초대형 레고나 프라모델? 아니지, 그런 것들은 냄새가 나지 않지. 혹시 살아있는 게 들어있는 거 아닐까. 나는 호기심과 두려움이 뒤섞인 심정으로 상자를 열었다.

"윽! 이런 또라이 새끼."

정말인지 손이 본능적으로 머리 위로 올라갔다. 야는 내 반응이 재밌는지 깔깔 웃었다. 상자 안에 들어 있는 건 죄다 뼈들이었다. 야는 그 상자를 들고 어디론가 향했다. 뒤따르는 내게 다른 상자 하나를 가리키면서.

마당으로 옮겨진 상자는 총 다섯 개였다. 다섯 개 상자 전부 뼈들로 채워져 있었다. 예측도 이해도 불가능한 상황이었기에 나는 복종했다. 야가 말하던 화석이란 게 그럼 이 뼈들을 두고 한 말이었을까. 야의 수집물 중 어느 것 하나 뼈 이상의 의미를 지닌 건 없었다. 돼지 뼈, 개 뼈, 소 뼈, 염소 뼈, 고양이 뼈와 토끼 뼈에 이르기까지. 그러나 나는 어떤 토도 달지 못했는데 야가 마당 가운데 뼈들을 쌓기 시작했기 때문이었다. 무척 신중한 태도로. 나는 야에게 상자 안의 뼈를 건네주는 일을 맡았다. 작업 과정은 순탄했다. 중간에 닭들이 와서 뼈를 쪼아댄 일만 제외하면.

"이 년 동안 모은 것들이야. 나는 화석이 좋아. 그건 죽음을 초월한 무언가야."

야는 눈앞에 화석이라 믿는 뼈들을 두고 '그건'이라고 했다. 야가 비록 어리다고는 해도 이 뼈들이 화석이 아니란 사실 정도는 알고 있을 것이다. 그런데 왜 굳이 화석이라고 부르는 걸까.

"그리고 이 마을도 좋아. 이 마을은 민속촌 같아. 시간이 멈추는 곳이야. 이 마을 사람들의 느린 움직임도 좋아. 정말 싫은 건 저 닭들이야. 닭은 저 붉은 볏과 날카로운 부리, 뭔가 깔보는 듯한 눈, 날지도 못하면서 요란스럽게 해대는 날갯짓까지, 자신이 살아있다는 사실을 너무 강조하거든."

"하지만 너도 살아 있잖아."

나는 야가 믿기 게임에서 했던 말을 떠올렸다. 자신이 어른들보다 먼저 죽는다는 사실을 믿을 수 없다던.

"인간은 어차피 죽고 말아."

야가 침울하게 말했다. 그러나 이내 활기를 회복하고 열띤 목소리로 말을 이었다.

"만약에 말이야. 원래 세계에서 사라진 쪽이 어른들이 아니라 우리 쪽이라면 어떻게 해야 할까? 어른들이 어른이라는 이유로 사라진 게 아니라 우리만 아이라는 이유로 떨어져 나온 거라면 말이야."

"글쎄. 생각해 본 적 없어."

"만약 어른들이 사라진 게 확실하다면 우리는 어른이 되지 않아야 해. 어른이 되면 우리도 사라질 테니까. 하지만 그 반대라면, 우리가 아이란 이유로 원래 세계에서 떨어져 나온 거라면 우리는 서둘러 어른이 되어야겠지. 넌 어느 쪽 같아?"

나는 야의 질문 자체보다는 내 수용력의 범위를 어느 선에 그어야 할지를 두고 고민에 빠졌다. 이건 사실의 문제가 아니라 인정의 문제였다. 벌어진 일을 받아들일 것인가 말 것인가. 내가 어른들이 사라진 현상을 진지하게 생각해 보지 않은 것도 이 일에 대한 답을 알고 싶지 않아서인지 몰랐다. 믿을 수 없는 일을 믿느냐 믿지 않느냐. 불현듯 이 고민이 아이와 어른의 경계일지도 모른다는 생각이 들었다. 그러나 어느 쪽이 어른이고 어느 쪽이 아이인 걸까. 잘 모르겠다. 결국 나는 대답을 미뤘다.

4. 뼈

완성된 뼈탑은 야의 키만 했다. 새하얀 뼈들은, 살아있던 동물들의 것이라 믿기 어려웠다. 마치 미술 시간에 만들었던 지점토 공작들을 쌓아둔 것 같았다. 저렇게 새하얗고, 단단하고, 날카로운 뼈들이 내 몸 안에서 나를 찌르지 않고 있다는 사실이 놀라웠지만 나는 실제로 자기 뼈에 찔려 죽은 사람을 알고 있다. 기억을 정확히 떠올릴 수는 없지만 대강의 사건은 이랬다.

세인이의 아지트는 마을 외곽에 있다. 그 외곽보다 더 외곽에 지금은 버려진 집이 한 채 있다. 그 집에는 삼 년 전까지만 해도 용길이 아저씨와 아주머니, 그리고 중학교에 다니던 진용이 형이 살고 있었다. 우리 집과 꽤 거리가 있음에도 불구하고 그 집에서 빈번히 나던 그릇 깨지는 소리는 내 귀에까지 들려오고는 했다. 그렇게 다투더니 아저씨와 아주머니는 한날한시에 농약을 마시고 죽었다. 당시 나는 로미오와 줄리엣의 죽음을 떠올렸으나 아저씨와 아주머니의 죽음은 왠지 비극처럼 느껴지지 않았다. 그 결말이 낯설게 여겨지지 않았다. 솔직히 말하자면 비극이란 뜻을 잘 모르기도 했다.

진용이 형이 세인이의 아지트에 있던 너럭바위에서 발견된 건 그로부터 몇 개월이 지난 뒤였다. 엄마는 감을 따다 나무에서 떨어진 사고라 했으나 나는 자살이라 생각했다. 9월이었고, 아직 감이 익기에는 이른 시기였으니까. 어쨌든 진용이 형의 직접적인 사망 원인은 늑골골절로 인한 장기 손상이었다. 뼈가 부러지면서 진용이 형을 찌른 거다. 왠지 그 죽음은 비극 같았다.

아무리 먹는 걸 좋아하는 세인이라지만 왜 하필 그런 곳을 아지트로 정했을까. 그리고 우리는 왜 아무도 반대하지 않았을까. 곰곰이 생각해 보면 누군가 죽어간, 그리하여 버림받은 장소였기에 우리에게만 허용된 공간이 되었던 건지도 모른다. 어쨌든 상일이 형과 세인이의 아지트는 그 장소에 서린 이야기로 인해 우리의 모험심을 자극했던 것만은 사실이다.

 바람이 스칠 때면 뼈탑에서 달그락거리는 소리가 났다. 속이 텅 빈 것들에서 나는 소리 같기도, 혹은 공기가 떨리는 소리 같기도 했다. 야가 이 뼈들이 화석이 아니란 걸 알고 있으리라는 생각이 재차 들었다. 단지 그렇게 믿고 싶은 것뿐이리라.
 야는 완성된 뼈탑의 정상에 파헤쳐진 무덤에서 수집한 뿌리 조각을 올렸다. 한때 살아있던 것들의 잔해들로 쌓인 탑을 멍하니 바라보던 나는 야의 표정이 여느 때와는 다르다는 걸 알아챘다. 침울하지도 들뜨지도 않은, 편안해 보이는 표정이었다.
 "이것들이 화석이 아니란 말이 하고 싶은 거지? 맞아. 이건 그냥 뼈들일 뿐이야."
 "그걸 알면서 왜 모으는 건데."
 "이걸 보고 있으면 죽는다는 게 비현실적으로 느껴지거든. 죽는다는 게 지점토 놀이처럼 여겨져."
 또 한 번 뼈탑이 달그락거렸다. 뼈탑을 지난 바람은 내게로 불어왔고 나는 약간의 어지럼증을 느꼈다. 마른 뼈의 냄새는 먼지들이 일 때의 냄새와 비슷했다. 그것은 냄새라기보다는 느낌에 가까웠다. 나는 내 몸에 들여서는 안 되는 것을 받아들인 기분이 됐다.

"오늘 밤에는 이 뼈들로 캠프파이어를 할 거야."

"냄새가 역겨울 텐데."

나는 언젠가 엄마가 사골을 우려내다 뼈를 태웠을 때 맡았던, 절로 코를 틀어쥐게 하던 냄새를 야에게 설명했다.

"직접 해보기 전엔 몰라. 이건 마른 뼈니까 다를 수도 있지. 너를 만나지 못했더라면 이 뼈들은 계속 상자 안에 있었을 거야. 널 만나 다행이야."

뼈로 하는 캠프파이어라. 야는 어떤 상황이든 습관적으로 캠핑에 대입하고는 했다. 야에게 있어 어른들이 사라진 상황은 캠핑의 절대적인 조건으로 작용하고 있는지도 모른다. 어떤 때는 대단히 어른스럽다가 어떤 때는 마냥 애 같은 야의 모습은 어른과 아이를 합쳐놓은 것 같았다. 야는 매 순간 나를 헷갈리게 했고 주눅 들게 했다.

5. 전염병

텐트로 돌아왔을 때부터 이마에 열이 나기 시작했다. 신열은 점점 몸 전체로 퍼져갔다. 몸 전체가 활활 들끓었다. 이제껏 내가 기억하는 잔병치레라고는 감기 두어 번이 전부였다. 이렇게 열이 나는 일은 처음이었다. 그래서 지레 겁이 났다.

깨어났을 때 눈에 들어온 건 흐릿한 야였다.

"그냥 감기일 거야. 어제 이불 안 덮고 잤었잖아."

내 옆에 앉아 있던 야가 내 얼굴을 향해 손을 뻗었다. 나는 내게 다가오는 야의 손길에 흠칫 놀라 고개를 돌렸다. 이마에서 물수건이 흘러내렸다. 야의 손이 다가오는 게 물수건 때문임을 알고도 나는 여전히 야의 손이 내 몸에 닿는 걸 용납할 수 없었다. 이게 감기라고? 인정할 수 없었다. 감기로 이렇게까지 앓아본 기억은 없었다. 잠에서 깨 야의 흐릿한 모습을 보았을 때야 깨달았다. 꿈결에 본 하얀 이미지는 야였다.

"이건 감기가 아냐."

나는 야를 향해 쏘아붙이듯 내뱉었다. 내 눈에 들어온 야는 나를 만난 뒤 처음으로 두려움에 질린 표정을 짓고 있었다. 나를 헷갈리고 주눅 들게 했던 건 야의 어른아이 같은 행동이 아니라 야의 얼굴에 드리운 병색이었다. 나는 줄곧 야의 병이 전염성인지 궁금했고 두려웠던 거다. 어른들이 있을 때는 전염병 따위가 두려울 리 없었다. 치료되지 않는 병 따위가 실감 날 리 없었다. 그런데 왜 지금은 두려운 걸까. 고열에 시달리면서 비로소 인정하게 됐다. 우린 이제껏 경험하지 못한 재앙 가운데 있는 거라고.

"아냐. 나도 지금 너처럼 열이 난 적이 있어. 병원에서 그건 감기라고….."

"아니. 네가 걸린 병은 감기가 아니라 죽고 마는 병이야. 솔직히 말해봐. 넌 전염병에 걸린 거지? 무덤이랑 뼈를 아무렇지 않게 만질 수 있는 것도 그래서지?"

야의 눈동자가 흔들렸다. 나는 하지 말아야 할 말을 더 센 말로 덮고자 더 강하게 추궁했다.

"그래서 우리 마을에 버려진 거지?"

어쩌면 마지막 질문은 야의 대답을 조금이라도 늦추기 위해서 했는지도 모른다. 하지만 나는 여전히 야를 쏘아봤다.

"그래. 난 버려졌어. 하지만, 하지만…."

야는 아랫입술을 물었다 놨다. 피가 막혀 하얗게 질려있던 아랫입술이 순식간에 원래 색으로 돌아왔다.

"네 추측이 다 맞는 건 아냐."

나는 야와 내 지금의 대화로 인해 우리 둘만의 세계가 붕괴해가고 있음을 깨달았다. 그러자 어른들이 사라진 앞선 세계의 붕괴를 겪었을 때보다 더 두려웠다. 지금의 내게는 야만이 유일한 세계였으므로.

야는 다시 한번 내 이마로 손을 뻗었다. 야의 가늘고 하얀 손이 떨리고 있었다. 나를 둘러싼 세계는 변했다. 그런데 나는 왜 아무렇지 않은 것처럼 지내려던 걸까. 야의 특이한 사고방식이 이상한 걸까, 나의 이전과 다름없는 사고방식이 이상한 걸까.

내 이마를 향해 다가오는 야의 손이 두려웠다. 야의 떨리는 손을 통해 야 역시 불안해하고 있음을 느낄 수 있었다. 하나라고 생각했던 우리는 엄연한 두 개의 세계였고 그 다른 두 세계가 닿기란 결코 쉬운 일이 아니었다. 야의 떨리는 손과, 여전히 들리지 않는 어른들의 목소리와 텐트 밖에서 들리는 풀벌레 소리를 듣던 나는 내가 죽음보다 버림받음을 두려워하고 있다는 사실을 인정해야 했다. 그리고 야는 내가 겪는 두려움을 나보다 앞서 겪은 존재였다. 나는 야의 과거가 지금의 내 현재였고, 미래일 수도 있다는 사실을 받아들이고 싶지 않았던 거다. 그러나 둘만 있는 세계에서는 그 누구도 다른 누군가를 버릴 수 없다. 그게 비록 마주치면 죽는다는 도플갱어일지라도 말이다.

나는 물수건에 닿은 야의 손목을 붙잡았다.

"나가자."

영문 모른 채 나를 내려다보던 야가 천천히 고개를 끄덕였다. 나는 야의 손을 잡고 개울을 따라 걷다 국도에 올랐다. 희미한 달빛을 제외하면 사방이 어둠에 잠식되어 있었다. 그 어둠을 뚫고 한 줄기 불빛이 일렁이고 있었다. 뼈탑이 타고 있는 불길이었다. 야와 나는 쌀쌀한 밤공기를 깊이 들이마셨다. 잘 분해된 뼈

입자가 기도를 타고 흘러드는 것 같았다.

"떠나자."

우리는 유일한 불빛의 반대쪽으로, 다음 세계로 걸었다.

[작가노트]

지난 5월 집을 떠나 해남에 있는 백련제에 들어왔습니다. 저를 포함해 이곳에 입주한 작가들은 익숙한 세상으로부터 자신을 유폐해 작품을 쓰고 있습니다. 사람의 말보다 새소리가 자연스러운 산기슭에서의 하루는 전보다 길게 느껴집니다. 그렇다고 지루하진 않습니다.

오솔길과 다랭이논을 걸으며 이번 호의 주제어인 '지속'에 대해 생각하고는 했습니다. 희망을 설명하려면 절망을 말해야 하고 절망을 말하려면 희망을 보여주어야 합니다. 이처럼 '지속'을 말하기 위해 '지속'의 반대 개념을 생각하며 이번 단편을 구상해 나갔습니다.

우리는 우리가 사는 세계가 연속적인 흐름이라고 믿는 경향이 있습니다. 그러나 제가 보고 있는 세계의 실상은 끊임없이 절단과 봉합을 반복하고 있는 것처럼 보입니다. 그래서 지속되고 있다고 믿는, 불변하리라 믿는 가치(세계)들이 실은 연속적인 붕괴에 불과하다면 우리는 어떤 시선으로 세상을 응시해야 할까, 하는 다소 관념적인 생각을 해봤습니다. 어찌 보면 시작은 아포칼

립스에 뿌리를 내렸으나 생존이 아닌 관계와 복원을 다루고 싶었습니다. 서로에게 유일한 세계가 된 두 소년의 관계를 통해 지속의 세계와 붕괴의 세계를 생각해 볼 기회가 되면 좋겠습니다.

유치보관함

오선영

 청소를 하던 미주가 무심코 달력을 넘겼다. 다음달 17일에 빨간 동그라미가 쳐져 있었다. 볼펜심을 꾹꾹 눌러서 꽤나 공들여 그린 원이었다. 무슨 날이지? 걸레를 바닥에 내려놓고 손가락을 하나씩 꼽았다. 진하게 쓰인 양력일 밑으로 작고 흐릿하게 인쇄된 음력일이 보였다.
 "갖고 싶은 거 있어?"
 미주가 물었다.
 영신은 허리에 메밀 쿠션을 받치고 앉아서 '100세까지 무병장수'라는 TV 프로그램을 보고 있었다. 바른 자세로 앉아야 척추와 관절에 무리가 가지 않는다며 영신은 버릇처럼 말했다.

"이거 봐라, 미주야. 11번에서 혈관에 좋은 음식으로 브라질넛을 소개하는데 10번에서 브라질넛을 딱 팔고 있다."

영신이 목소리를 높이더니 채널을 변경했다.

"그거 방송사랑 홈쇼핑 회사가 짜고 치는 거잖아. 사람들 혹해서 결제하게. 엄마, 전부 다 광고야."

"너는 말을 뭘 그렇게 하니. 귀찮게 물건 사러 안 가도 필요한 사람들이 바로 살 수 있게 도와주는 거지. 브라질넛이 심혈관 질환을 예방하고, 혈중 콜레스테롤 수치를 낮추는 천연 식품이래. 호두나 땅콩보다 비싼 게 흠이라면 흠이지. 티브이에 나오는 의사, 약사들이 전문가인데 사람들을 속이겠니?"

화면은 홈쇼핑 방송에서 '100세까지 무병장수'로 다시 바뀌었다. 영신이 리모컨을 내려놓고 숟가락을 들어 병맥주 뚜껑을 땄다. 거품이 넘치자 얼른 허리와 고개를 숙여서 병 끝에 입술을 갖다 붙였다. 그대로 쭉, 들이켰다.

"브라질넛이 나쁘다는 게 아니라 저렇게 연달아 방송하는 게…."

영신은 대답 대신 유리컵에 맥주를 부어 또 마셨다. 귓불까지 달아올랐다. 미주가 고개를 절레절레 저었다. 바른 자세는 강조하면서 술을 저렇게 마셔대다니. 더욱이 건강 프로그램의 전문가들이 한 목소리로 주장하는 내용이 바로 금주와 금연인데 말이다. 영신은 듣고 싶은 것에만 빨간 동그라미를 그물처럼 치고 나머지는 물처럼 흘려보냈다. 그렇기에 자신의 생일을 저렇게 강조해 놨는지 모르겠지만.

"받고 싶은 선물 없냐고."

"보너스 받았어?"

영신이 맨손으로 김치를 찢으며 물었다.

"보너스는 무슨. 잘리지나 않으면 다행이지."

미주가 방석을 끌고 와서 앉았다. 동그란 나무소반 위에 반건조 오징어와 볶은 땅콩, 고추장과 마요네즈를 섞어서 만든 소스, 김장김치가 놓여 있었다. 영신이 새 컵에 맥주를 따라서 미주 쪽으로 밀어줬다.

"그럼 17일에 왜 동그라미 해 놨어? 엄마 생일이잖아."

"생일 지나면 치과 가려고."

영신이 엉덩이를 달싹이며 미주 곁으로 왔다. 입을 벌리자 충치 치료를 한 이와 검붉은 혓바닥이 드러났다. 어금니가 군데군데 비어있었다. 술과 김치 냄새가 오래된 구취와 섞여서 지독했다.

"내가 이번 생일을 얼마나 기다렸는데."

열여덟 번째 생일을 고대하는 동화 속 공주처럼 영신은 만 65세 생일을 기다렸다. 그날이 오면 흑마녀의 저주가 풀리기라도 한다는 듯, 새로운 인생을 살 수 있을 거라는 이상한 기대감에 부풀어 있었다.

"희숙이 언니가 그러는데 예순다섯 살이 되면 나라에서 주는 혜택이 그렇게 많다더라. 일단 매달 노인연금 삼십만 원씩 나오지, 지하철 무료로 탈 수 있지. 독감접종도 공짜로 하고, 버스비도 지원되고…."

영신은 사거리에 위치한 대형 고깃집에서 일했다. 주된 업무는 홀 서빙이지만 단체 손님이 몰려오는 날에는 주방 일에도 투입되곤 했다. 희숙은 근방에서 음식 솜씨가 좋기로 유명한 주방 이모였다. 고깃집에서 영신보다 나이가 많은 사람이자, 영신보다 더 오래 일한 유일한 직원이었다. 희숙은 사장 몰래 남은 밑반찬이나 미국산 소고기를 가끔씩 싸줬고, 영신은 그런 희숙을 친언니처럼 따랐다.

"제일 중요한 건 임플란트!"

"그거 전부 국민 세금으로 하는 거잖아. 노인 무료복지 때문에 청년들이 얼마나 힘든지 알아?"

미주가 반건조 오징어를 마요네즈에 푹 찍더니 오른쪽 어금니로 물었다.

"말하는 소리 봐라, 너는 세금 거의 안 내잖아."

이번에는 영신이 반건조 오징어를 집어 들었다. 미주와 똑같이 오른쪽 어금니로 오징어 다리를 씹었다. 단물이 다 빠지도록, 단백질 덩어리가 두부처럼 연해질 때까지 뜯고 씹었다.

"턱 안 아파?"

미주가 소반 가장자리에 씹던 오징어를 뱉었다. 오른쪽 어금니와 턱이 뻐근하게 아렸다. 매번 한쪽으로 씹으니 동그스름한 계란형은 고사하고, 한 변만 튀어나온 사다리꼴처럼 얼굴형이 변할 것 같았다.

"견딜만 해. 이제 임플란트 하면 양쪽으로 다 씹을 수 있겠지?"

희숙이 너덜너덜해진 오징어를 삼켰다. 딱딱, 소리가 나도록 윗니와 아랫니를 부딪쳤다. 마치 벽돌과 쇠망치로 무너진 성벽을 수리하는 소리처럼 들렸다.

"임플란트…."

미주가 혼잣말을 했다. 치과의 창백한 조명과 딱딱한 리클라이너 의자, 소독약 냄새와 푸른색 마스크를 쓴 의사가 떠올랐다. 무언가를 긁어내는 기계음과 물소리, 입속에 들어온 날카로운 도구들, 잇몸에 박히는 금속물질을 상상하니 몸서리가 쳐졌다. 불쾌한 감정들이 스멀스멀 밀려오자, 혀끝으로 왼쪽 아래 세 번째 치아를 더듬었다. 닳을 대로 닳은 윗면과 울퉁불퉁한 옆면이 느껴졌다. 공굴리기를 하듯 천천히 쓰다듬었다. 치과조명이 옅어지고 두 사람이 앉아 있는 거실의 백색 형광등이 시야에 들어왔다.

세 번째 치아를 더듬는 것은 미주의 오랜 버릇이었다. 통제 못할 상상력이 자신을 괴롭힐 때, 난데없는 불안과 걱정이 솟구쳐 오를 때 미주는 세 번째 치아를 만졌다. 그곳에 치아가 있다는 것을 확인하고 나면 날뛰던 상상력과 긴장으로 굳은 근육이 제자리를 찾아갔다.

"엄만 좋겠다. 난 예순 다섯 살 되려면 삼십 년 이상 남았어."

미주가 빈 잔에 맥주를 따랐다.

"많이 남았으면 좋지, 나이 들어서 뭐하게. 자자, 건배!"

영신이 맥주잔을 들어 미주의 컵에 부딪쳤다. 술이 넘치자, 두 사람이 연습이라도 한 듯이 동시에 고개를 숙여 컵 끝에 입술을 붙였다. 그대로 마셨다.

영신이 메밀 쿠션에 얼굴을 묻은 채 잠이 들었다. 미주는 남은 안주와 빈 맥주병을 치운 후 화장실로 갔다. 칫솔모 가득 치약을 짠 다음, 의식을 치르듯 양치질을 했다.

학창시절에도 미주의 양치질은 유명했다. 쉬는 시간마다 이를 닦는 아이, 칫솔세트와 치실, 휴대용 가글액을 휴대폰보다 더 꼼

찍하게 챙겨 다니는 학생. 누군가가 십대의 미주에 대해 묻는다면 양치 이야기부터 꺼낼 거였다.

그렇다고 해서 미주가 건치아동으로 교장 선생님께 표창장을 받거나, 바르고 깨끗한 이로 어린이 치과 모델이 된 것은 아니다. 강박적으로 이를 닦는 것에 비해 미주의 앞니에는 치석이 끼어 있었고, 치열은 고르지 못했다. 그것들은 양호 교사가 알려준 3·3·3 규칙에 따라 칫솔질을 한다고 얻을 수 있는 게 아니었다. 시간과 돈을 들여서 치과 문턱을 자주 넘었을 때에야 가질 수 있는 특별한 훈장이었다.

초등학교 5학년 무렵이었다. 리클라이너 의자에 누운 미주에게 치과의사가 말했다. 이상하네… X-ray 한 번 찍어 보죠. 미주는 하얗고 단단한 물체를 입에 물고 치아 사진을 찍었다. 곁에 있던 영신이 웃으세요, 스마일 하고 농을 던졌지만 미주는 웃지 않았다. 웃을 수 없는 어떤 상황이, 예상치 못한 불길한 일이 벌어지고 있다는 예감이 들었다. 필름을 본 의사가 의자등받이를 돌려 앉았다.

왼쪽 아랫니 3번이 영구치 결손이네요.

난생처음 듣는 말에 영신과 미주의 두 눈이 오징어 눈깔처럼 동그래졌다. 의사가 필름을 두드리며 부연설명을 했다.

선천적으로 영구치 뿌리가 하나 없어요. 이 나이쯤 되면 전부

이갈이를 하는데, 영구치가 없으니 유치를 이때까지 쓴 거지요.

의사가 연달아 무시무시한 말들을 내뱉었다. 만약 유치가 썩거나 빠지면 옆 치아를 옮겨서 홈 메우는 교정을 하거나 임플란트를 해야 한다고 했다. 최악의 상황으론 부분 틀니도 고려 대상이라 했다. 틀니라니! 미주의 눈앞에 만화책에서 봤던 합죽이 할머니가 나타났다. 말을 할 때마다 커다란 틀니가 덜컹이는, 떡을 먹거나 껌을 씹다가도 훌러덩 빠져버리는 틀니를 가진 노파가. 끔찍했다. 틀니를 한 여중생, 여고생은 절대로 되고 싶지 않았다.

왜 영구치가 없는 거예요?

영신의 목소리가 미세하게 떨렸다.

유전일 수 있구요. 그냥 그렇게 태어날 수도 있어요. 사랑니가 네 개 나는 사람이 있고, 한 개 나는 사람이 있고, 아예 안 나는 사람도 있잖아요. 그런 거죠, 뭐.

의사가 별일 아니라는 듯 느슨하게 대답했다.

유전….

영신이 입술을 오물거리며 따라했다. 혀끝으로 자신의 왼쪽 아랫니 3번 치아를 더듬어봤다. 오래된 영구치가 굳건하게 박혀 있었다.

최대한 오래 쓸 수 있는 게 돈 버는 겁니다. 이 열심히 닦이세요.

의사는 미주의 보호자인 영신에게 마지막 당부를 했다. 치실을 사용하면 꼼꼼하게 양치를 할 수 있다며, 필요하면 접수처에서 사가라고 했다. 미주를 향해 두 주먹을 움켜쥐더니 파이팅! 이라고 외쳤다.

병원문을 나오자 미주가 울었다. 참았던 눈물이 샤워기처럼 터져서 멈추지 않았다. 남들 다 있는 영구치가 왜 내게는 없는지, 지금 있는 치아가 썩거나 깨지면 정말 틀니를 해야 하는지 물음표 투성이었다.

영신이 미주의 뺨을 두 손으로 감싸 안았다. 얼굴이 열기로 뜨거웠다.

괜찮아, 열심히 이 닦으면 돼.

낮은 목소리로 애써 침착하게 말했다. 미주가 어깨를 들썩이며 서럽게 울었다. 영신의 말이야말로 자신에게 영구치가 없다는, 선천적인 결손을 가졌다는 선언으로 들렸다. 혀끝으로 어금니를 짚어봤다. 왼쪽 아래 세 번째 치아가 비어 있었다. 틀렸다. 치아는 여전히 그곳에 있었다. 그런데도 미주는 의사의 말을 들은 그 순간에, 무언가가 쑥 빠져 나갔다고 생각했다. 레고 블록 같은 어떤 것이 몸속에서 떨어져 나간 기분이었다.

영신의 손등 위로 미주의 눈물방울이 떨어졌다. 소매 끝이 축축해졌다. 그럼에도 영신은 미주가 울음을 그칠 때까지 같은 자세로 서 있었다.

유전일 수 있대요.

영신의 말에 미주의 아버지이자 영신의 남편인 대호가 대꾸했다.

나는 문제없어.

대호가 앞니를 세게 부딪쳐 보였다. 백태가 낀 혓바닥으로 앞니와 어금니를 훑어 내렸다. 흐르는 침을 손등에 문지르고는 냉장고에서 소주 한 병과 마른 오징어를 꺼내 먹고 마셨다. 시위를 하는 것처럼 오징어를 질겅질겅 씹었다. 좁은 집안이 비린내로 가득했다.

영신이 칫솔 세트를 두 개 사왔다. 치약과 칫솔에 미주가 좋아하는 고양이 캐릭터가 그려 있었다. 한 개는 집안 화장실에 두고, 나머지 한 개는 미주의 책가방에 넣어줬다. 점심을 먹고 꼭 양치를 하라고 했다. 그것만이 영신이 해줄 수 있는 전부인 양 강조했다.

* * * * *

아침부터 사무실이 분주했다. 정기적으로 판매하는 파우치형 곰탕과 설렁탕을 업로드하는 날이었다. 새롭게 선보일 키즈 라인

샘플도 입고되었다. 사장은 사진 한 장으로 유명해진 인플루언서였다. 인스타그램 팔로워가 늘자 협찬이 들어왔고, 그 기회를 발판 삼아 공동구매 사업에 뛰어들었다. 패션과 뷰티 영역으로 시작한 공동구매는 사장의 결혼과 임신, 출산을 거치면서 분야가 확장되더니, 정식 인터넷 쇼핑몰을 오픈하기에 이르렀다.

"미주 씨, 이것 봐. 너무 귀엽지 않아?"

고개를 들어 모니터 너머를 봤다. 사장의 손에 원목 원기둥 상자가 들려있었다.

"보석함이에요?"

미주가 물었다.

"보석함? 그 말 딱이네. 자기는 가끔씩 그렇게 좋은 아이디어를 낸다니까."

사장이 눈을 찡긋하며 윙크를 했다. 상자 뚜껑을 열었다. 손톱 크기의 타원형 구멍이 스무 개 남짓 뚫려 있었다. 작은 구멍이 모여서 더 큰 타원형을 만들었다.

"여기에 우리 키즈들 빠진 젖니를 채워 넣는 거야. 치아 순서대로 끼우고 날짜를 쓰고. 어때, 진짜 보석함 맞지? 세상에서 하나밖에 없는 나만의 유니크한 보석함!"

소개 문구와 상품명까지 나왔다며 사장이 좋아했다.

미주가 쇼핑몰 디자이너로 일하면서 탯줄 보관함과 배냇머리

보관 유리병은 판매해봤지만 유치보관함은 처음이었다. 치과에서 뽑으면 폐기물로 버리는 치아를, 실에 매달아서 지붕 위로 던져버린다던 유치를, 기껏해야 베개 밑에 넣어두고 이빨요정이나 소환하던 젖니 따위를 캐나다산 유기농 호두나무통에 영구적으로 보관해야 할 일인가 싶었다. 물론 상품 구성과 선택은 전적으로 사장의 감感과 촉에 의지하고 있어서 미주가 의견을 내기 어려웠지만 말이다.

"샘플 여러 개 들어왔으니까 필요하면 가져 가."

미주의 생각을 꿰뚫어 보기라도 하듯 사장이 말을 돌렸다. 샘플로 입막음을 하려는 건지, 정말 미주에게 유치보관함이 필요하다고 생각하는 건지, 좀처럼 알 수 없었다. 아니다. 쇼핑몰이 커질수록 미주가 디자인하는 작업량도 늘어났다. 사장은 샘플상품을 주는 것으로 초과수당, 야간수당을 대신하고 있었다. 벌써 샘플 운운하는 걸 보니 이번에도 그럴 셈인 듯했다. 할 말을 끝낸 사장이 사무실 문을 열고 나갔다.

미주가 다시 마우스를 움직였다. 공식 홈페이지와 사장의 인스타그램에 올릴 사장과 사장의 남편과 사장의 아이 사진을 보정했다. 그러다가 의자를 밀치고 일어나서 택배상자 앞으로 갔다. 원통형, 정사각형, 직사각형의 유치보관함이 쌓여 있었다. 출생일에 따른 별자리를 그려 놓은 통과 띠에 해당하는 동물을 장식물로 매달아놓은 함도 있었다. 미주는 자신의 별자리가 그려진 나무상자를 찾았다. 뚜껑을 열자 작은 구멍들이 촘촘히 박혀 있었다. 나무향이 은은하게 났다.

구멍에 손가락을 넣어봤다. 엄지는 입구부터 탈락이었다. 검지, 중지, 약지… 그나마 들어가는 건 새끼손가락이었다. 유치 크기가 새끼손톱만 한 걸까. 그렇게 작은 치아로 음식을 자르고 씹을 수 있을까? 누군가를 깨물어 생채기를 낼 수 있나? 젖니들이 구멍에 누워있는 장면이 연상되었다. 저들끼리 이야기하며 깔깔거렸다. 왼쪽 아랫니 세 번째 자리가 비어 있었다. 양 옆의 젖니들이 빈자리를 손가락질하며 혀를 찼다. 그 소리가 공명이 되어 퍼졌다. 쿡쿡, 미주의 귓속에 못처럼 박혔다. 미주가 혀끝으로 이를 더듬기 시작했다. 자신의 치아 중 가장 오래되고 불안정한 치아가 자리잡고 있었다. 다시 유치보관함을 보다 빈자리를 새끼손톱으로 꾹, 눌렀다. 나무 바닥에 손톱자국이 선명하게 났다. 유치보관함이 미래에도 완성되지 않길. 세 번째 자리가 앞으로도 비어있길. 망설임 없이 뚜껑을 닫았다.

자리로 돌아와 마우스를 잡았다. 고요한 사무실에 마우스를 클릭하는 소리만 났다. 미주가 다시 자리에서 일어나 택배상자 앞으로 갔다. 게자리 유치보관함을 집어 가방에 넣었다.

미주의 별자리는 게자리였다. 초여름에서 여름으로 넘어가는 시기에 태어났다. 어느 해 생일은 장마가 와서 눅눅했고, 어느 해는 때 이른 폭염으로 갈증에 시달렸다. 장마철이나 폭염 속에도 영신은 당면을 불려 잡채를 만들고 모시조개가 든 미역국을 끓여 미주의 생일을 축하했다.

엄마, 내가 태어났을 때 비 왔어?

응.

내가 태어난 날에 더웠어?

응.

왜 말이 달라.

비 오고 더웠다고.

영신의 대답은 물 먹은 수박처럼 싱거웠으나 미주는 대답의 진의를 의심하지 않았다. 매해 선물해 주는 휴대용 칫솔세트가 영신의 사랑이라 믿었다.

열다섯 번째 생일이었다. 점심시간이 되자 친구들이 매점에서 크림빵을 사왔다. 동그란 빵을 층층이 쌓고 초코 과자로 장식을 했다. 생일 축하 노래를 부르자 미주가 아주 잠시, 소원을 빌고 열다섯 개의 촛불을 힘차게 껐다. 소원의 내용은 열두 살 이후로 동일했다.

크림빵을 뜯어먹으며 미주와 친구들은 생일 이야기를 했다.

무리 중 한 명이 휴대전화기로 운세 사이트에 접속했고, 아이들은 출생일을 밝히며 오늘과 내일을 점쳤다. 대화의 주제가 별자리 운세로 넘어가더니 혈액형별 성격 유형으로 뜀뛰기를 했다. 미주는 지금도 그날을 떠올릴 때가 있다. 요즘처럼 MBTI 성격유형이 유행이었으면 괜찮았을까? 아니면 별자리 운세까지 듣고 자리를 떴으면 나았을까? 양손에 치약과 칫솔을 든 채로 앉아있는 게 아니었는데.

들어 봐, A형 여자는 성실하고 책임감이 강하다. 사랑을 시작할 때 겁이 많으며 애정 표현이 서툴다. 하지만 서로의 마음을 확인하면 누구보다도 열정적으로 사랑을 한다. A형 여자와 가장 잘 어울리는 남자는 O형 남자이다.

A형이랑 O형이 어울려? 나랑 혁이오빠랑 딱이네! 근데 울엄마랑 아빠는 안 맞는데? 맨날 싸워.

맞아. 울엄마, 아빠도 A형이랑 O형인데 하나도 안 맞아. 나는 O형이라서 다 잘 맞고.

미주가 영신과 대호의 혈액형을 꼽아봤다. 별자리 궁합은 괜찮다고 나왔는데… 혈액형 궁합을 생각할수록 무언가가 꼬이는 기분이었다. 바깥과 안을 구분할 수 없는 뫼비우스의 띠처럼 어느 부분이 헷갈렸다. 칫솔세트를 내려놓고 책상 서랍에서 과학책을 꺼냈다. ABO식 혈액형 판별 방법 단원을 찾아서 경우의 수를 헤아렸다. 영신은 B형, 대호는 O형, 미주는 A형. 혈연 가족에서는 나올 수 없는 조합이었다.

미주는 영신과 대호의 결혼식 사진을 본 적이 없었다. 두 사람은 결혼기념일을 챙기지 않았다. 초등학생인 미주는 그 점이 의아했지만 중학생인 미주는 그럴 수 있다고 생각했다. 세상에는 결혼식을 하지 않고 사는 부부도 있다는 걸 그 무렵 방송하던 드라마와 인기 있는 인터넷소설을 보면서 깨우쳤다. 오히려 결혼기념일 유무를 묻지 않는 것이 영신과 대호를 배려하는 일이라 여겼다. 그런 스스로가 어른이 된 것 같아서 대견했다.

아빠랑 붕어빵이네. 세 사람이 외출하면 듣는 말이었다. 넙데데한 얼굴형에 납작한 코, 작은 입, 검은 피부에 잔머리카락이 많은 것까지 두 사람은 닮았었다. 딸은 클수록 엄마 닮는다더라. 근데 지금도 엄마랑 느낌이 비슷하네. 덕담이라고 추가하는 내용이었다. 그렇기에 미주는 자신의 출생을 의심하지 않았다. 영신과 미주는 걸음걸이와 식습관, 잠자는 버릇까지 닮았었다. 오히려 성격과 생활방식이 너무나 다른 대호와 자신이 닮은 것이 출생에 대한 불필요한 의구심을 갖지 않게 해준 신의 배려라고 생각할 정도였다.

그날 미주는 점심 양치질을 하지 않았다. 칫솔세트를 든 채 운동장 스탠드에 석고상처럼 앉아 있었다. 친구들이 어깨를 흔들면서 말을 걸어도 반응하지 않았다. 해가 산자락 너머로 떨어지자 어둠이 깔렸다. 운동장의 키 큰 나무들이 짙은 밤 속으로 몸을 숨겼다. 학생과 교사들이 떠난 교정에는 매미 울음소리만 가득했다.

발자국 소리가 들렸다. 미주를 향해 다가오는 정체 모를 소리였다. 듣고 싶지 않은데 모든 신경이 소리의 행방을 찾는 데 집중했다. 흡, 미주가 두 손으로 입을 막으며 비명을 질렀다. 소리는 터져 나오지 못하고 안으로 삼켜져 버렸다. 눈앞에 할머니가 서 있었다. 만화책에서 본, 치과에서 떠올린 후 미주의 꿈에 종종 나타나던 합죽이 노파였다. 노파가 뻐드렁니를 드러내며 징그럽게 웃었다. 길고 마른 손가락을 들어 송곳니를 쑤욱 뽑았다. 잡초를 뽑는 것만큼 무심하게 앞니를 뽑았다, 어금니를 뽑았다. 마지막으로 왼쪽 아래 세 번째 이까지 전부 뽑았다. 이가 없어지자 노파의 광대가 더 도드라져 보였다. 뺨이 깊게 패고 미간에 주름이 엉망으로 졌다. 노파가 손가락을 가위처럼 벌렸다 붙였다를 반복했다. 미주의 팔뚝 위로 물이끼처럼 소름이 돋았다. 당장이라도 노파가 제 입을 찢고 치아를 뽑아버릴 것 같았다. 미주가 소리쳤다. 다가오지 말라고, 내 몸에 손을 대지 말라고 악을 쓰며 발버둥쳤다.

부운 눈으로 현관문을 열었다. 무슨 일이냐는 영신의 질문에

이가 아파서 울었다고 둘러댔다. 입을 벌려 보여줬다.

우리 딸 사랑니 나네, 이제 다 컸어.

영신이 미주의 등을 토닥였다.

신기한 일이었다. 그때서야 어금니 제일 안쪽이 욱신거렸다. 턱이 뻐근할 정도로 아팠다. 거울을 들어 살펴봤다. 정말 사랑니가 나고 있었다. 사랑니와 영구치, 젖니가 있는 입 안이 맵고 쓰렸다.

먼저 퇴근한 영신은 고기를 구워서 반주 중이었다.

"얼른 손 씻고 앉아. 같이 한잔 하자."

영신이 유리컵에 맥주를 부어주자 미주가 마셨다.

"고기 한번 먹어봐. 희숙이 언니가 내 생일이라고 챙겨줬다. 잠깐만, 언니한테 전화해 줄 테니까 고맙다는 인사 좀 해."

얼큰하게 취한 영신이 휴대폰을 들었다. 희숙이 받자 무턱대고 미주에게 건넸다.

"며칠 있으면 네 엄마 생일이라서 고기 좀 줬어. 이모가 그 정도는 할 수 있는 능력이 된다."

"감사합니다."

"그게 미국산 소고기인데 한우보다 맛있다. 미국 소들은 넓은

데서 뛰어놀아 더 건강하거든. 미국이 얼마나 넓은지 알지?"

"…네."

"근데 너는 클수록 엄마를 닮더라. 이제는 전화 목소리까지 똑같네."

휴대폰 너머에서 희숙이 박수를 치며 웃었다.

영신이 상추쌈을 싸서 먹었다. 한동안 우물거리더니 소화가 안 되는지 주먹으로 가슴을 쳤다. 맥주를 소화제처럼 마셨다. 나랑 엄마가 닮았나. 한때는 듣고 싶던 그 말이 이제는 당혹스럽게 느껴졌다. 나는 영신에게 어떤 존재일까. 튼튼한 영구치일까, 아픈 사랑니일까, 아니면 빠질 시기를 놓친 젖니일까. 주먹밥을 삼킨 것처럼 가슴이 답답했다. 미주가 맨주먹으로 가슴을 치다가 영신의 잔을 빼앗아서 남은 술을 다 마셨다.

* * * * *

돈을 벌게 되면서 미주는 적금을 들었다. 적은 액수지만 다달이 이체했다. 자신과 영신, 대호의 혈액형이 정상적인 혈연관계에서 나올 수 없는 유형이라는 걸 알았지만 두 사람에게 묻지 않았다. 재검사도 하지 않았다. 변한 것은 없었다. 대호는 여전히 가족에게 무심했고, 영신은 미주의 생일마다 휴대용 칫솔세트를 선물해줬다. 과하지도 모자라지도 않는 생활이 지속되었다. 미주는 이대로 사는 것도 썩 나쁘지 않겠다고 생각했다. 대신에 언제든 현금화할 수 있는 적금을 들었다.

 유성 사인펜을 들고 고민을 했다. 곧이어 통장 겉면에 '임플란트 통장'이라고 썼다. '틀니'보다는 '임플란트'가 조금 더 젊고 세련된 느낌이었다. 한 달, 두 달 돈이 쌓일 때마다 간니가 나는 것같이 마음이 든든했다.

 만기일을 채우겠다는 결심은 종종 무너졌다. 그것은 정신력과 간절함으로 도달할 수 있는 결승선이 아니었다. 회사 재정과 지인들의 기념일, 예상치 못한 이벤트, 영신과 대호의 건강상태 등 타의에 의해 언제든 멀어질 수 있었다.

 하지만 미주는 포기하지 않고 또 정기적금을 들었다. 비록 만기일을 채우지 못해도 적금 통장을 만드는 행위에서 위안을 느꼈다. 꿈속 노파를 만나는 날을 최대한 유예시킬 수 있다고 믿었다.

 그사이 대호가 집을 떠났다. '더 사랑하는 사람과 살고 싶다.'라는 메모 한 장을 남긴 채 증발했다. 햇살이 거실 창을 통해 산산이 부서져 들어오던 토요일이었다. 영신이 넋이 나간 사람처럼 메모지를 들고 앉아 있었다. 정수리 위로 먼지가 두텁게 내려앉았다. 영신은 우는 것 같았고, 웃는 것도 같았다. 비명을 지른 후 침묵 속으로 가라앉았다. 미주가 문 뒤에 서서 그 모습을 지켜봤다. 영신을 위로하고 싶은 마음과 자신을 거부할 거라는 두려움이 충돌했다. 혀끝으로 치아를 핥으면서 생각했다. 대호가 써놓은 '더 사랑하는' 사람은 누구일까. 왼쪽 아래 세 번째 치아와 관련된 사람일까? 입이 근질거렸다. 유전일 수 있구요. 의사의 말이 이명처럼 맴돌았다. 영신은 알까? 설사 답을 알고 있다 한들, 알려줄 리 없었다. 궁금증이 산가지처럼 뻗었다. 대호는 이전에도 누군가에게 '더 사랑하는' 사람과 살겠다고 말하곤 집을 나왔을까, 과거의 더 사랑하는 사람은 영신이었을까? 그때 나를 데리고 가출했을까, 아니면 더 사랑하는 사람을 나와 대호가 살던 집으로 데려온 것일까? 앞으로 나와 영신은 어떻게 되는 걸까? 머릿속 뫼비우스의 띠가 이중삼중으로 꼬였다. 혈액형처럼 네 가지 유형으로 미래를 점칠 수 있다면 차라리 나을 텐데. 아무것도 할 수 없는 미주가 유일하게 할 수 있는 일이란 혀끝으로 젖니를 더듬는 일이었다.

며칠 후, 영신이 자리를 털고 일어났다. 메모지를 찢은 다음, 태연하게 살았다. 미주의 생일이 오면 조개미역국을 끓이고, 휴대용 칫솔세트를 선물로 주었다. 과하지도 모자라지도 않은 생활이 다시 시작되었다. 이번에도 미주는 이대로 사는 것도 썩 나쁘지 않겠다고 판단했다.

대신에 영신은 더 열심히, 많은 일을, 늦게까지 했다. 미주가 자신도 돈을 버니 그럴 필요 없다고 했으나 소용없었다. 영신의 얼굴에 잔주름이 지고 머리카락이 빠졌다. 팔과 다리가 가늘어지면서 엉덩이가 쳐졌다. 그리고 어느 날, 영신의 누런 어금니 한 개가 빠졌다. 한 개가 두 개가 되었다. 미주가 치과에 가라고 해도 영신은 괜찮다고 답했다.

세 번째 치아는 초콜릿을 먹는 중에 빠졌다. 툇, 하고 뱉자 사금파리 같은 이가 나타났다.

유전 맞네.

영신이 왼쪽 아래 세 번째 치아를 내려다보며 말했다.

난 아직 젖니 안 빠졌거든.

미주가 검지로 젖니를 가리켰다.

역시 딸이 엄마보다 낫네.

영신이 맞받아치며 웃었다. 남은 초콜릿을 천천히 녹여 먹었다. 단 음식을 먹는데도 입맛이 쓰고 떫었다. 이가 빠진 자리가 다크 초콜릿보다 더 새까맸다.

* * * * *

"임플란트 전부 해주는 거 아니래. 두 개만 해주는 데 그것도 자기부담금이 삼십 프로래."

치과에 다녀온 영신이 말했다. 얼굴에 실망감이 역력했다.

"희숙이 언니 말만 믿고 전부 공짜인 줄 알았는데…."

"아무리 복지정책이어도 다 해줄 순 없지. 국민세금을 몽땅 노인들 임플란트 해주는 데 쓸 순 없잖아."

노인이라는 단어에 마음이 상했는지 영신이 눈을 흘겼다. 미주가 모르는 척하며 저녁상을 차렸다.

"그럼 나머지는 어떻게 할 거야?"

"어떻게 하긴 뭘 어떻게 해. 그냥 사는 거지."

영신이 냉장고에서 맥주 두 병을 꺼내왔다. 숟가락으로 뚜껑을 따자 맥주 거품이 활화산처럼 역류했다. 영신이 잽싸게 병 입구에 입술을 붙였다. 목구멍을 통과한 알코올이 전신으로 퍼졌다.

"그냥 살긴 뭘 그냥 살아. 이번 기회에 나머지 이도 해. 엄마 어금니 없어서 불편하잖아. 씹는 게 힘드니까 위가 안 좋아져서 맨날 체하고 속은 더부룩하고. 그러니까 계속 밥은 안 먹고 술만 마시고. 악순환의 반복이다 진짜."

이야기가 길어질수록 영신이 고개를 세차게 저었다. 팔을 들어 X자를 만들며 미주의 말을 자르려 했다.

"못 살긴 뭘 못 살아. 이때까지 잘만 살았어. 그리고 이게 나한테는 약이고 밥이다."

숟가락을 들어 나머지 맥주병 뚜껑을 땄다. 뼹! 뚜껑이 벽으로 날아가 부딪쳤다. 영신이 병째로 술을 마시려 했다.

"밥 먹으라고! 엄마가 자주 보는 티브이 프로그램에서 금주하라는 말은 안 해? 브라질넛도 어금니가 있어야 씹어 먹지!"

보다 못한 미주가 버럭 소리쳤다. 밥공기를 던지듯 영신 앞으로 밀었다. 미주의 반응에 놀랐는지 영신의 눈이 커졌다. 순순히 맥주병을 내려놓고 숟가락을 들었다.

두 사람이 밥을 먹기 시작했다. 집안이 너무 조용해서 어색했다. 침묵을 견디지 못한 미주가 먼저 입을 열었다.

"엄마, 유치보관함이라고 알아? 우리 쇼핑몰에서 파는 건데 애들 젖니 빠지면 보관하는 통이거든. 가격이 꽤 하는데 지금 판매 1위야."

"틀니보관함은 들어봤어도 유치보관함은 처음이네. 나중에 영구치보관함, 사랑니보관함 다 나오는 거 아냐? 맞다, 근데 그렇게 모아서 나중에 틀니 만들면 안 될까? 모발 이식하는 것처럼 자기 치아 사용해서."

조금 전까지 샐쭉했던 영신이 본래의 모습으로 돌아와 대답했다. 자신의 아이디어가 그럴듯하지 않냐며 재차 되물었다. 벌써 의료계에선 '뉴―틀니' 사업으로 진행하는 일일지 모른다면서, 실현되면 돈이 되겠다고 너스레를 떨었다.

"미주야, 아직 젖니 남아 있지? 그거 빠지면 넣으면 되겠네."

"아직 안 빠졌거든! 내가 얼마나 이를 열심히 닦는데. 왼쪽으로는 엿이랑 떡도 안 씹어. 사탕도 무조건 빨아서 먹고."

"말이 나와서 하는 말인데 내가 그 이 안 썩게 하려고 얼마나 공을 들였는지 알아? 너 생일마다 칫솔세트 사줬잖아. 기억나?"

당연히 기억하는 일이다. 미역국을 먹는 것처럼 생일 선물로 칫솔을 받았으니까, 생일 케이크는 없어도 치약은 있었으니까. 두 사람 앞으로 알록달록한 칫솔들이 줄지어 지나갔다. 삼단 케이크 위의 촛불처럼 칫솔들이 영롱한 빛을 자랑했다.

"6학년 땐가, 중1 땐가. 너 철봉에서 떨어졌잖아. 그때 젖니 빠진 줄 알고 얼마나 놀랬는지."

술기운에 영신의 얼굴이 불콰하게 달아올랐다. 분위기를 돌리려고 쇼핑몰 이야기를 꺼낸 건데, 어느새 대화는 치아 이야기로 돌아와 있었다.

미주가 앞돌기 연습을 하다가 철봉에서 떨어졌다. 철봉 아래에는 담배꽁초, 유리조각, 찌그러진 캔과 쓰레기들이 어지럽게 굴러다녔다. 머리부터 곤두박질한 미주의 얼굴이 피와 상처로 엉망이 되었다. 같이 연습하던 친구가 영신을 불러왔다. 구급차를 기다리지 못한 영신이 미주를 업고 뛰었다. 초등학교 6학년인 미주는 이미 2차 성징을 시작한 소녀였다. 여드름이 나고 브래지

어를 착용한 미주를 업고 영신이 골목길을 달렸다. 덜컹이는 영신의 등, 후텁지근한 땀 냄새, 두 뺨을 간지럽히는 영신의 머리카락, 점점 달아오르던 체온과 입안 가득 고이던 피, 비릿하고 역겨운 피 맛. 며칠 전의 일인 것처럼 생생했다. 스쳐지나가던 자동차와 행인들의 얼굴, 구름 한 점 없던 파란 하늘까지. 미주는 등에 업힌 채 기도했었다. 제발, 젖니가 빠지지 않게 해주세요. 영신이 치과 문을 밀며 뛰어 들어갔다. 저기요! 우리 딸 좀 봐주세요! 간호사가 리클라이너 의자에 미주를 앉히고 거즈로 얼굴을 닦았다. 입 안을 헹구고 X-ray를 찍었다. 이는 멀쩡하네요. 아랫입술 안쪽이 찢어졌어요. 필름과 미주의 입 속을 번갈아 보며 의사가 느슨하게 말했었다.

영신은 앉은 자세로 꾸벅꾸벅 졸았다. 맥주 두 병은 바닥이 드러났고, 밥은 반 이상이 남았다. 에휴, 밥 좀 먹지. 미주가 영신이 듣지 못할 잔소리를 했다. 메밀 쿠션을 가져와 영신을 눕혔다. 저녁상을 치우려다가 무슨 생각이 들었는지 영신 곁으로 가서 누웠다. 잠든 얼굴을 가만히 바라봤다. 입술 주위로 침이 허옇게 말라붙어 있었다. 검게 탄 피부 때문에 침 자국이 도드라져 보였다. 잠을 자면서도 피곤한지 영신이 하품을 했다. 여기저기 빈 어금니와 검붉은 잇몸이 보였다. 나는 영신에게 어떤 존재일까, 영신은 나에게 어떤 치아일까. 튼튼한 영구치일까, 아픈 사랑니일까, 아니면 빠질 시기를 놓친 젖니일까.

미주가 치아를 혀끝으로 더듬었다. 징검다리를 건너는 것처럼 신중하게 짚었다. 바람이 불때마다 치아들이 흔들렸다. 장마철에는 홍수에 떠내려갈 것 같았다. 작열하는 태양빛 아래에선 모래처럼 마를 때도 있었다. 그때마다 영신이 준 캐릭터 칫솔들이 지팡이처럼 나타났다. 미주가 징검다리를 건널 수 있도록 튼튼한 지지대가 되어줬다. 괜찮아. 열심히 이 닦으면 돼. 그 이상 이하도 아니라며 자신을 토닥였다. 그러니까 고심해서 고민해도 결론은 이미 나와 있었다.

스마트폰으로 은행 어플리케이션에 접속했다. '임플란트 적금'을 찾아 터치했다. 지문을 찍듯 해약 버튼을 눌렀다. 숫자들이 빠르게 이동했다. 또 한 번 버튼을 눌렀다. 적금을 전부 영신의 통장으로 이체시켰다. 해피 버스 데이 투 유. 잠든 영신을 향해 말했다.

미주가 남은 반찬과 빈 맥주병을 치운 후 화장실로 갔다. 칫솔모 가득히 치약을 짜서 평소보다 더 공들여 이를 닦았다. 민트향이 나는 가글액으로 입을 헹궜다.

순간, 뭔가가 빠져나갔다. 레고 블록 같은 어떤 것이 몸속에서 떨어져 나간 듯했다. 미주가 서둘러서 치아를 더듬었다. 확인하면 괜찮아질 거다. 그것은 항상 거기에 붙어 있었다. 이상했다. 다시 하나하나 되짚었다. 아무것도 느껴지지 않았다.

세면대 위에 자신의 왼쪽 아래 세 번째 치아가 떨어져 있었다.

"드디어 빠졌구나."

미주가 젖니를 들어 살펴봤다. 새끼손톱보다 작은 치아는 뿌리가 녹아서 거의 남아있지 않았다. 오랜 시간 연작운동을 한 그것은 모서리가 마모된 정사각형 같았다. 이가 빠진 자리에선 피도 나지 않았다. 긴 시간 동안 마지막을 떠올렸는데 지금 미주가 느끼는 감정은 상상 속에 존재하지 않던 감정이었다. 예측하지 못한 감정이 낯설면서 반가웠다.

양치질을 끝내고 화장실을 나왔다. 미주의 손에는 젖니가 들려있었다. 가방 속에서 게자리 유치보관함을 꺼냈다. 왼쪽 아래 세 번째 자리에 젖니를 넣었다. 크기가 딱 맞았다. 비로소 미주는 자신의 치아를 제대로 볼 수 있게 되었다.

[작가노트]

작년 봄, 나는 딱딱한 리클라이너 의자에 누워 입을 벌리고 있었다. 코로나 바이러스가 기승을 부리는 동안 미뤄뒀던 치과진료를 받기 위해서였다. 언제 가도 무섭고 싫은 치과지만, 오랜만에 가니 더 무섭고 싫었다. 마취로 인해 입속 감각은 무디어져도 귓속으로 사정없이 비집고 들어오는 소리만은 피할 수 없었다. 그 상황을 모면하고자 이런저런 상상을 했다. 어금니가 빠진 모녀가 오징어를 한쪽 이로 질겅질겅 씹으면서 맥주를 마시는 장면. 만 65세 생일을 기다리는 엄마와 그런 엄마에게 잔소리를 하는 딸. 이 소설의 첫 장면은 그렇게 시작되었다.

다시 인물의 관계를 뒤집고, 누군가를 등장시키고, 사건을 만들고. 이런저런 살들을 덧붙이는 중에 몇 번의 치과진료가 끝이 났다. 나는 예전처럼 튼튼한 치아를 가질 수 있게 되었다.

어떤 지속은 불안과 공포를 가중시킬 뿐이라고, 지속이 의무가 되는 것만이 능사가 아니며, 때론 의치義齒가 진짜보다 더 튼튼할 수 있다는 말을 소설 속 미주에게 해주고 싶다.

바라는 마음

이미욱

검은 줄이 허공을 잇고 있었다. 폐업 정리 전단지가 붙은 전봇대 아래서 여주는 길게 뻗은 전선을 새삼스럽게 쳐다보았다. 허공을 걷는다면, 어지럽게 늘어져 있는 전깃줄에 걸리지 않고 지나갈 수 있을까. 여주는 발이 묶여버린 듯 서 있었다. 형주와의 약속 시간은 조금 남아 있었다. 골목길 위를 가로지르는 전선 위로 어디서 날아왔는지 까마귀 한 마리가 앉았다. 휘어진 줄 위에서 까마귀가 날개 밑을 부리로 긁고 있는데 난데없이 다른 까마귀가 나타났다. 먼저 온 까마귀가 제 몸짓에 몰두하느라 여념이 없자 다른 까마귀는 소리를 길게 내지르며 날아가 버렸다. 한적한 골목을 가로지르며 퍼져나가는 소리에 여주는 미간을 찌푸렸다. 얼굴 좀 펴라는 형주의 말이 떠올랐다.

오랜만에 교외로 나가 점심을 먹은 날이었다. 형주가 예약한 식당에 앉아 마운틴 뷰를 즐기고 있는데 전화가 울렸다. 여주는 모르는 번호라 거절한다는 게 습관적으로 통화 버튼을 밀었다.

"내다, 수애."

여주는 입이 붙은 것처럼 말문을 열지 못했다. 뜻밖의 연락에 반가움보다 당황스러움이 앞섰다.

"여주 맞지?"

아무런 대답이 없자 수애가 물었다. 명료하고 직선적인 말투는 여전했다.

"응. 수애야."

여주는 오랜만이라는 인사조차 못 할 만큼 얼떨떨했다. 수애의 얼굴을 떠올리려고 했지만 잘되지 않았다. 누군가를 기억한다는 것이 얼마 만인가 싶어 사뭇 아련해졌다. 불현듯 마지막으로 한 말이 기억났다. 우리 그만 통화하자.

"전화를 새로 샀어. 애가 예쁘더라."

수애는 아무렇지 않게 어제오늘 통화하는 사이처럼 말했다. 카톡에 올린 아이 사진을 본 모양이었다. 화면 속 맑고 화창한 날씨와 같은 사진은 누군가에게 보여주고 싶은 일상의 단면이었다. 여주의 의아스러운 표정을 본 형주가 무슨 일 있냐는 듯 눈짓을 보냈다. 여주는 고개를 살짝 흔들었다.

"고마워."

여주는 어색하게 대답하면서 유리잔에 담긴 탄산수의 기포를 빤히 쳐다보았다. 잘 지내냐는 흔한 안부조차 묻지 못할 정도로 대하기가 서먹했다.

"잘 지내는 것 같아 보기 좋네."

수애는 마치 여주가 앞에 있는 것처럼 말했다. 형주가 음식이 나온다며 전화를 끊으라고 손짓했다. 여주는 고개를 끄덕이며 애써 친근한 목소리를 냈다.

"수애야, 지금 식사하러 나왔거든. 이따가…."

"그래, 그럼 끊을게."

말이 끝나기도 전에 수애는 되받았다. 여주의 속내를 읽기라도 한 것처럼.

짧은 통화에 여주는 어안이 벙벙해서 생각의 갈래를 잡지 못했다. 어쩐지 난감한 기분이 들어 미간에 힘이 들어갔다. 테이블에 주문한 음식이 차례로 놓였다. 형주가 포크로 트러플 파스타를 들어 올리자 뜨거운 김이 피어올랐다. 입에 파스타를 한 입 넣고 먹으면서 여주를 보았다.

"언니, 얼굴 좀 펴. 무슨 일이 생기면 인상부터 쓰더라. 주름만 깊어지게."

형주는 포크를 놓으며 핀잔을 주었다. 여주는 손가락으로 미간을 꾹꾹 눌렀다.

"미간도 안정이 필요해."

형주가 포크로 피클을 집어서 여주에게 주었다. 아삭한 식감과 상큼한 맛이 입안 가득 퍼지자 기분이 나아졌다. 여주는 로제 파스타를 돌돌 감았다. 소스의 풍미와 파스타의 크리미한 질감이 입안에서 잘 어우러졌다.

"누군데 그래?"

"…수애."

여주는 잠시 뜸을 들이다가 나지막이 답했다. 이십 대 초반에 제일 가까웠다가 가장 멀어져 버린 사이였다.

"언니 대학 때 단짝이었잖아."

영화감상 동아리에서 만난 여주와 수애는 취향이 맞아서 대화가 잘 통했다. 일주일에 두 번 정도 만나 영화를 보거나 술을 마시며 시시콜콜한 이야기를 나누었다. 수애가 에두르지 않고 직설적인 편에 비해 여주는 애매모호하고 자기 보호적이었다. 서로의 차이를 잘 알기에 불편한 일이 생겨도 다툼은 없었다. 하지만 위기의 순간에는 주로 여주가 한 수 물렀다. 형주는 또 뭔가 생각난 듯 말했다.

"그때 좀 아프다고 하지 않았어?"

여주의 눈빛이 아득하게 흔들렸다. 더는 수애를 만나지 않는 이유에 대해 그렇게 답하면서 최선이라 생각했다. 그때 여주의 마음은 걱정과 연민 같은 것들로 무거웠고 그것을 감당하는 게 부담스러웠다. 그 후로 13년 만에 걸려 온 전화였다. 느닷없는 연락에 신경이 곤두섰다.
"얼굴 펴라고, 좀!"
형주가 어린애 야단치듯 다그치자 여주는 눈을 치켜떴다. 형주의 땍땍거리는 태도가 거슬린 탓이었다. 자매는 무람없이 지냈지만 서로의 심기는 건드리지 않는 것이 암묵적인 약속이었다. 눈치를 보던 형주가 피클이 쭈글쭈글하지 않고 아삭해서 좋다고 예사롭게 말했다. 저 말하는 목구멍에 가시나 박혔으면 좋겠다고 여주는 생각했다.

형주의 차가 비상등을 켜고 골목으로 들어오고 있었다. 도로에서 웬만하면 볼 수 있는 SUV 차량이었다. 중고차매장에 갔을 때 딜러가 추천한 매물을 둘러본 형주는 SUV 운전석에 앉아 전방 시야를 확인하더니 볼수록 끌린다고 말했다. 투박하지만 뒤태가 날렵한 차가 형주의 어떤 점과 닮은 것 같기도 했다. 형주는 퇴사하고 두 달 뒤에 여주를 찾아갔다. 두 달간 로마, 밀라노, 베네치아 등에서 지낸 얘기를 하다가 세상에 마음대로 되는 게 없다고 눈물을 훔쳤다. 한 가지라도 제 마음대로 하면서 살고 싶다며 차를 사는 데 도와 달라고 했다. 여주는 형주의 모습이 애처롭고 어처구니가 없었다. 마음대로 되는 게 없어서 제 멋대로 사는 건가 싶었다. 추천 매물 중 몇 개를 다시 살펴보더니 형주는 결국 그 차 앞으로 갔다. 마음이 기울었다는 것을 눈치챈 딜러가 웃으며 다가왔다.

"자석처럼 끌리면 인연이 되더라고요. 자동차도 마찬가지인 것 같아요. 만나게 될 사람은 결국 다시 만나게 되는 것처럼요. 그 인연을 마음대로 할 수 없는 게 함정이지만."

군데군데 새치가 보이는 딜러의 모습이 조금 쓸쓸하게 보였다.

"자동차 핸들만큼 마음대로 되는 건 없더라고요."

쓸쓸하게 웃으며 말하는 형주의 옆모습이 여주에게 오래도록 남았다.

형주의 차가 속도를 줄이더니 담장 옆에 멈춰 섰다. 여주는 보조석에 앉자마자 뒷자리에 짐을 두고 안전띠를 했다. 바로 출발할 줄 알았더니 형주는 핸들에 머리를 기댄 채 늘어져 있었다.

"뭐야, 허깨비야?"

여주는 형주를 보았다. 선크림을 바른 얼굴은 허옇게 들뜨고 눈 밑이 퀭해 있었다. 매가리 없이 축 처져있는 동생의 모습이 안쓰럽다가도 꼴 보기가 싫었다. 여주는 고개를 돌려 앞을 보았다. 밤에 일하고 낮에 자는 게 형주의 일상이었다. 여주가 루틴을 바꿔보라고 권유했지만, 밤에 집중이 잘 돼서 일이 잘 풀린다며 말을 못 붙이게 했다.

"너무 피곤해. 못 간다고 문자 할 뻔했잖아. 이게 뭐 하는 건가 싶을 정도로 별짓을 다 했는데 잠이 안 왔어. 내가 얼마나 시달렸는지 몰라."

형주의 기운 없는 말투에 짜증이 묻어났다. 얼마나 시달렸다니.

"피곤하면 안 가도 된다고 했잖아. 정 안 좋으면 그냥 집으로 가든지."

여주는 다소 냉랭하게 말을 뱉었다. 형주의 표정이 단단히 굳어졌다.

"기껏 준비해서 나왔는데 무슨 말이야?"

형주의 목소리가 갈라져 나왔다.

"네가 힘드니까 하는 말이지."

어쩌면 여주 제게 하는 말이기도 했다.

"이런 게 더 힘들다고. 내가 같이 간다고 했잖아."

형주가 목소리를 높이자 여주는 한숨을 내쉬었다. 그럼 좀 티라도 내지 말든지. 말을 삼킨 여주는 지그시 이를 악다물었다.

불편한 침묵이 차 안을 채우고 있었다. 여주는 분하지만 더는 내색하지 않기도 했다.

"그래, 아침은?"

형주는 풀죽은 소리로 오트밀을 먹었다고 했다. 여주는 가방에서 텀블러 두 개를 꺼내 형주에게 하나 주었다. 형주가 주춤거리며 텀블러를 받아서 들었다. 뚜껑을 열자 갇혀 있던 커피 향이 퍼져 나왔다. 텀블러 안으로 코를 박더니 슬그머니 고개를 들었다.

"룽고네? 언니도 아침에 형부랑 민이 챙기고 나오느라 힘들었을 텐데…."

짙고 향긋한 룽고 덕분일까. 형주는 머쓱한 표정을 지으며 제법 말랑한 목소리로 말했다.

"퍽이나 알아주네."

여주는 시나몬 맛이 은은하게 나는 라테를 마셨다. 뻣뻣하게 남아 있던 마음이 조금 누그러지는 것 같았다.

잠을 못 잔 건 여주도 마찬가지였다. 자질구레한 생각과 감정이 머릿속을 기어다니는 바람에 잠을 설쳤다. 수애에게 온 문자를 확인했을 때는 오히려 담담했다. 그날 서둘러 전화를 끊은 뒤로 다시 연락이 올 수 있다고 생각했기 때문이었다. 만나고 싶다는 문자를 읽고 카톡 프로필에 올린 사진을 보았다. 떨어진 문고리와 달아 놓은 문고리, 백색 전등과 붉은 해, 산세비에리아와 대파 한 단. 익숙하면서 낯설고 날 선 감각들이 수애의 일상을 추측하게 했다. 여주는 문자를 읽고 또 읽었지만 만나고 싶은 마음이 생기지 않았다. 지나간 것은 돌이킬 수 없다고 생각하면서 마음이 상하지 않을 그럴듯한 이유를 찾았다. 되뇌어 볼수록 입안에 까끌까끌한 모래알이 굴러다니는 듯했다. 무슨 말이든 그저 한낱 변명일 뿐이었다. 어쩌면 구차하게 답장하지 않아도 될 일이었다. 답장이 없으면 연락하지 않는 것으로 알 것이다. 그렇게 스스로 설득하며 굳이 내키지 않는 일을 할 필요가 없다고 생각했다. 근래 여주는 해야 하는 일과 하고 싶은 일을 하며 지내는 날들이 안전하고 평온하게 느껴졌다. 제 몫을 해내는 남편과 별 탈 없이 자라는 아이와 보내는 일상이 리듬감 있게 반복되고 있었다. 단조롭고 평탄한 일상을 흩트리는 일은 안 하는 것이 상책이었다. 누군가로 인해 감정에 균열이 가고 균열의 틈에서 불안이 들러붙는 경우의 수를 선택할 수 없었다. 그러나 여주는 생각한 대로 하지 못했다. 선택의 여지가 없는 일인가 싶었지만 정확히 알 수 없었다. 그날, 세계 문화 전집을 찾아보던 아이가 옆으로 다가와 첫 여행지에 관해 물었다. 여주는 선뜻 일본이라고 대답하면서 첫 배낭여행이었다는 것을 깨달았다. 스물한 살을 맞아 후쿠오카에 수애와 함께 다녀왔다는 사실이 새삼스러워 골똘해졌다. 전집의 일본 편을 가져온 아이가 책을 읽어달라고 했다. 여주는 책장을 넘기면서 수애와 지냈던 날들이 떠올랐다. 오호리 공원의 호숫가에서 탔던 오리 배, 독서실 같은 일인용 자리에서 먹은 이치란 라멘, 모모치 해변에 앉아 넋 놓고 바라본 노을, 화려한 조명과 애니메이션 음악으로 청량했던 분수 쇼, 포장마차에서 시원한 생맥주를 마시며 바라본 나카스의 밤. 그곳에서 깔깔거리는 동안 온전했고 자유로웠고 자유로부터 해방된 기분이었다. 예측할 수 없는 미래를 응원하며 술잔을 부딪쳤던 마지막 밤도 기억났다. 여주는 남아 있는 기억과 잊히지 않는 감정 속에서 계속 마주하는 이름을 피할 방법이 없었다.

  수애가 딸기밭으로 오라고 문자를 보냈다. 여주는 딸기밭에서 지내는 수애의 모습이 그려지지 않아 의아했다. 딸기밭까지는 버스로 왕복 세 시간 정도 걸리는 거리였다. 자동차 사고가 난 후로 운전대를 잡지 않는 여주였다. 유치원 하원 시간 안에 도착할 수 있을까, 못 간다고 할까, 난감해하는데 형주에게 전화가 왔다. 마감이 끝나 홀가분하다고 해서 얼떨결에 사정을 말했더니 형주가 순순히 같이 가겠다고 응했다. 다소 의외였지만 별말 하지 않았다.

  "이제 좀 괜찮아?"

  형주는 눈을 찡긋 감으며 모질이 같은 표정을 지었다. 여주는 낯빛이 환해진 형주를 물끄러미 보았다. 형주는 여행을 다녀온 뒤로 어학원을 다니며 공부한다더니 어느새 이탈리아어 번역 일을 하고 있었다. 대학 졸업 후 계약직으로 퇴사와 이직을 반복했다. 줄곧 한 직장을 다녔던 여주는 할 말이 많았지만 뭐부터 꺼내야 할지 몰라 두고만 있었다. 그러다가 한날 뜬금없이 꿈이 뭐냐고 물었다. 현모양처. 형주는 킥킥 웃으며 답했다. 여주가 기막힌 얼굴로 소개팅을 주선하겠다고 하자 형주가 고개를 기울였다.

"내가 행복해야 사랑을 할 수 있지 않을까?"

"사랑을 해야 행복할 수 있는 게 아니고?"

형주는 고개를 내저었다. 서로 생각하는 감정의 기준과 가치가 분명히 달랐다. 한 배에서 나온 게 맞나 싶을 정도로 다른 점이 많았다. 서로 이해하지 못하고 싸울 때마다 서로에게 몹쓸 짓을 다 했다. 매번 열렬하게 싸웠지만 무엇도 나아지는 것이 없었다. 비단 자매만이 아니었다. 다른 사람을 이해하는 게 힘들 때마다 이상한 절망감에 사로잡혀 몸서리친 날은 언제나 밤이 길었다.

형주는 시동을 켜고 티맵에 가야 할 목적지를 찍었다. 여주가 예상 소요 시간을 확인하고 수애에게 문자를 보내자 답이 왔다. 베리 팜 하우스 8동. 출근 시간이 지난 도로는 혼잡하지 않아서 수월하게 고속도로로 들어섰다. 평일이라 그런지 고속도로는 순

조로웠다. 형주는 초행길이라 어깨에 힘이 들어갔다. 창밖의 풍경을 지나친 채 전방을 주시하며 가속페달을 밟았다. 해사한 봄볕에 새잎 돋은 나무들이 울창하게 자라고 있었다. 고속도로의 백색 소음을 들으며 여주는 어떤 마음을 지우고 있었다. 되도록 하얗게 지우고 수애를 마주하고 싶었다. 만나기 전에 그것만이라도 해야겠다고 생각했다.

"거기 딸기가 좋아서 다른 데보다 비싸다고 하더라고."

한참을 달리던 형주가 딸기밭에 대해 말했다.

"그래?"

"얼마 전에 딸기를 샀는데 색도 곱고 향도 좋은데 무맛이었어."

형주는 고속도로의 분홍색 주행 유도선을 따라갔다.

"맛없는 건 믹서에 갈아서 꿀 넣어 먹어."

여주는 별스럽지 않게 얘기했다.

"아! 그렇게 먹을걸. 아까워서 버리지도 못하고 꾸역꾸역 먹었거든."

형주는 잡고 있던 핸들을 치며 말했다.

"딸기 제철이 봄인데 겨울이 되어버렸어."

여주는 무덤덤한 표정을 지으며 창밖을 내다보았다.

"그지. 휴게소는 안 가도 되지?"

"응. 안 가도 돼."

형주는 휴게소를 지나치며 도로를 달렸다. 주행 속도를 더 올렸지만 그리 빠르다는 느낌은 들지 않았다. 사 차선에서 운구차 행렬이 비상등을 켜고 줄지어 가고 있었다. 입술을 비죽 내밀며 운전에 집중하던 형주가 낮게 숨을 돌렸다.

"그런데 같이 가겠다고 한 이유가 뭐야?"

잠자코 있던 여주가 형주를 힐끗 보며 물었다. 선뜻 따라나선 이유가 궁금했다. 형주는 사이드미러를 보며 차간 거리를 살피더니 며칠 전에 있었던 일이라고 운을 떼었다.

도서관에서 집으로 걸어가던 길이었다. 형주는 주택가 골목을 지나 오르막길로 올라가면 보이는 빌라에 살았다. 골목길에는 집마다 다른 대문과 담장 옆으로 주차장을 방불케 할 만큼 차들이 양쪽으로 세워져 있었다. 차 한 대가 지나갈 정도의 길에서 노인이 자전거를 탔다. 자전거는 초보처럼 중심을 못 잡고 연신 핸들이 좌우로 흔들렸다. 비틀비틀 쓰러질 것 같은데도 용케 넘어지지 않았다. 하지만 까딱했다가는 주차한 차와 부딪힐 것같이 위태롭게 보였다. 형주는 자전거를 피하려고 방향을 주시했다. 형주가 오른쪽으로 가면 자전거는 왼쪽으로 가고 형주가 왼쪽으로 가면 자전거는 오른쪽으로 가다가 갑자기 자전거가 중심을 잃고 형주를 들이받았다.

"많이 안 다쳤어?"

여주는 형주의 얼굴과 팔다리를 훑어보았다.

"무릎에 바퀴 자국 찍히고 멍들고 넘어지면서 까지고 피 나고 긁히고 패이고 쓸리는 정도?"

"야, 넌 무슨 말을 그렇게…."

"언니, 다친 게 문제가 아니었어. 옆에 쓰러진 노인이 일어나지를 않는 거야."

여주는 눈이 동그래져서 형주를 쳐다보았다. 형주는 무표정한 얼굴로 시야가 트인 전방을 응시했다.

"술 냄새가 났어."

여주는 말만 들어도 머리가 어질어질했다.

형주는 앞으로 고부라져 쓰러진 노인을 일으켰다. 괜찮으시냐고 물었지만 알아들을 수 없는 말만 들었다. 형주는 넘어진 자전거를 일으켜 세워 길가에 놓으려고 했다. 그런데 갑자기 노인이 하겠다고 휘청거리며 일어서다가 다시 넘어졌다. 노인의 횅한 정수리가 벌겋게 달아올라 있었다. 형주는 멀거니 골목길을 바라보며 아련하고 무심하다는 생각이 들었다. 길가에 넘어진 자전거를 세워 놓고 우두커니 있으니 억울하고 버거운 마음도 들었다. 노인은 많이 안 취했으니 조금 앉아 있다가 갈 거라고 제법 또렷하게 말했다. 형주가 집이 어딘지 물어보자 노인은 손가락으로 녹색 대문을 가리켰다. 노인은 주변을 서성거리는 형주에게 계속 가라고 손짓했다. 형주는 욱신거리는 팔다리를 손으로 매만지다가 걸음을 떼기 시작했다. 그런데 세 걸음도 가지 않아 누군가 발목을 붙잡듯 말을 걸었다. 길바닥에 쓰러진 노인을 그냥 두고 가면 되냐면서.

"황당해서 쳐다보는데 나더러 양심이 없다고 하는 거야."

형주는 짧게 한숨을 뱉었다.

"양심?"

"응, 자기가 다 보고 있었다면서."

형주는 말끝에 코웃음을 터트렸다.

"그래서 넌 가만히 있었어?"

형주는 언성이 높아진 여주를 슬쩍 보며 웃었다. 노인의 음주 상황을 말하는데 느닷없이 녹색 대문이 열리고 할머니가 나왔다. 할머니는 남사스럽다고 손사래 치면서 노인을 데려갔다. 돌아보니 훈수질 하던 사람이 온데간데없었다.

"이상하게 그날 일이 문득문득 생각나서."

형주의 목소리가 아득하게 들렸다. 여주는 무슨 사정인지 묻지 않았다. 창에 기대어 흩어지는 구름을 내다보고 있으니 어렴풋이 짐작되었다. 어제 밤잠을 설치게 한 것이 무엇인지도 알아차렸다. 어떤 두려움과 용기였고 선의와 진심이었다. 그건 예측

할 수 없는 일에 대처하는 마음이었다. 여주와 형주는 더 말하지 않아도 답답하지 않았다. 멈추지 않는 차 안에서 전해지는 미세한 진동이 긴장한 몸을 이완시키는 듯했다.

어느새 요금소를 통과하고 있었다. 국도로 빠져나와 강변을 따라갔다. 강 건너편 한적한 곳에 외딴섬처럼 떨어진 하얀 건물이 있었다. 여주는 건물에 늘어진 긴 그림자를 보며 고개를 갸웃했다. 강 다리를 건너자 도로가 좁아지더니 딸기 마을을 알리는 표지석이 나왔다. 팔각정을 지나 마을로 접어들자 여주는 작게 숨을 내쉬었다. 뒷자리에 둔 종이 가방은 그대로 있었다. 수애가 좋아하는 피스타치오 파운드케이크였다. 여주는 수애에게 마지막으로 파운드케이크를 준 날을 기억했다.

한동안 IT 회사 인턴 생활을 한다고 소식이 없던 수애가 집에 오라고 했다. 여주가 단골 호프집에서 보자고 했지만 수애는 밖으로 나가는 게 어렵다고 말했다. 여주는 수애의 말을 이해하지 못한 채 집으로 갔다. 수애 엄마는 반갑게 맞이해 주었지만 집안 분위기가 약간 적막하고 경직된 느낌이었다. 수애는 눈에 띄게 살이 빠져 파리한 모습이었다. 여주가 인턴 생활이 힘들었냐고 묻자 수애는 먹어도 살이 안 찐다며 힘없이 웃었다. 수애 엄마는 케이크와 커피를 내주고 안방으로 들어갔다. 수애는 출출하다며 파운드케이크를 제법 먹었다. 맛있다고 너스레를 떠는 모습이 일부러 그러는 건가 싶을 정도였다. 수애를 감싸는 분위기가 이전과 조금 달라져 있었다. 여주는 자꾸 수애에게 눈길이 갔다.

"나 어때 보여?"

수애는 무구한 얼굴로 물었다.

"좀 기운이 없는 것 같아."

여주가 걱정스럽게 쳐다보자 수애는 두 눈을 껌벅껌벅했다.

"굿을 해서 그래."

여주는 굿이라는 단어에 눈이 휘둥그레졌다.

수애는 하는 일이 꼬여서 험한 꼴을 당한 뒤로 방에서 나오지 못했다. 수애 엄마는 한 달 넘게 방에만 있는 딸이 걱정되어 용하다는 무당을 데려왔다. 아니나 다를까 무당은 살이 끼었다며 굿판을 벌여야 풀린다고 했다. 칼 위에서 울고 웃고 춤추는 무당을 보며 계속 절을 했다고 수애는 남의 말을 하듯 자분자분 일렀다.

"너무 갑작스러워서 무슨 말을 해야 할지 모르겠네."

여주는 수애를 살펴보며 조심스럽게 말했다.

"어디서부터 얘기할까. 그래, IOT라고 사물인터넷 들어봤지?"

수애의 눈빛에 생기가 돌더니 확신에 찬 목소리로 말을 이어갔다. 수애는 음성인식 인공지능을 활용한 IOT의 가장 큰 생산물인 빅데이터 시스템을 구축하는 프로젝트팀에 들어갔다. 각 팀에서 발표한 프로젝트 내용은 한 끗 차이였는데 결정된 팀은 소위 라인을 잘 탄 사람들이었다. 팀원들은 자연스럽게 부딪칠 수밖에 없지만 서로의 선을 넘지 않는 유해한 관계였다. 수없이 일어나는 갈등 속에서 힘들 때마다 이겨낼 수 있었던 건 팀장 덕분이었다. 옆에서 응원하고 지지해 주는 사람만큼 좋은 게 없었다. 그래서 팀장이 이끄는 대로 마음을 내어주고 팀원과 함께 만든 빅데이터도 넘겨주었다. 그 뒤로, 팀장은 미국으로 잠적했고 수애는 속수무책으로 해고당했다.

"아무도 모르는 비밀인데, 미국에서 메일이 왔어. 오면 연락하라고."

수애는 안방을 쓱 쳐다보더니 낮은 목소리로 말했다. 여주는 어딘지 모르게 미심쩍은 느낌을 지울 수가 없었다. 아무도 모르는 비밀이라니. 수애는 가까이 오라고 손짓하더니 귓속말을 했다. 넌 해 본 적이 없어서 모를 거야. 수애는 살짝 발그레한 얼굴로 히죽거리며 웃었다. 순식간에 여주의 안색이 싸늘하게 굳어졌다.

"여주, 헬프 미!"

수애는 두 손 모아 애원하듯 말했다. 미국에 가지 않으면 영영 그 사람을 만날 길이 없다며 집 밖으로 데려가 달라고 했다. 집이 감옥이고 엄마는 감시하는 교도관이라는 말들을 소곤거렸다.

"팀장을 왜 만나? 널 이용만 하고 떠나버렸잖아."

여주는 경멸감을 감추지 못했다. 수애가 자리에서 벌떡 일어나더니 여주의 뺨을 사정없이 때렸다. 여주는 눈앞이 아찔하고 현기증이 났다. 왼쪽 눈언저리와 볼이 벌겋게 달아올랐다. 안방에서 수애 엄마가 놀란 얼굴로 뛰쳐나왔다.

"야! 너 어떻게 그런 말을 해?"

수애의 눈빛은 무섭고도 슬퍼 보였다. 엄마는 거칠게 숨을 몰아쉬는 수애를 붙잡았다.

"친구니까 하는 말이야!"

여주는 자신도 놀랄 만큼 차갑고 냉정하게 말했다. 문밖을 나서는 여주를 붙잡은 건 수애 엄마였다. 수애가 한 말을 마음에 두지 말라고 했다. 당장이라도 울음을 터트릴 것 같은 모습으로 수애가 좀 아프다고 전했다. 그날 이후로 수애는 미안하다고, 용서해달라고, 도와달라고 몇 차례 연락했다. 통화는 지쳐 끊고 싶을 정도로 길어졌지만 끊지 못했다. 여주는 듣는 귀라도 내줘야 했다. 수애의 통화 상대가 자신밖에 없다는 것을 모르지 않았다. 어느 날은 수애의 전화를 받는데 숨이 턱 막히는 아찔함을 느꼈다. 여주는 저도 모르게 그만 통화하자고 말해버렸다. 그러자 왠지 모를 안도감이 들었다.

농경지에 둘러싸여 있는 마을은 이 차선 도로를 가운데 두고 있었다. 들판에는 새하얀 비닐하우스가 길게 펼쳐지고 낮은 집들은 오종종하게 모여 있었다. 신호등이 없는 도로에는 승용차부터 포클레인을 실은 트럭, 픽업트럭, 탑차, 경운기 등이 누비고 다녔다. 형주는 대중교통이 없는 시골길이 더 위험하다며 속도를 낮추었다. 여주는 비닐하우스 단지를 보다가 전화를 확인했다. 아침에 문자 이후로 연락이 없는 수애에게 전화를 걸었다. 통화음이 울리는데 맞은편에서 앰뷸런스가 경광등을 번쩍거리며 재빠르게 지나갔다. 계속 통화음은 이어지고 여주는 점점 멀어져 가는 앰뷸런스를 우두커니 보았다.

형주는 비닐하우스와 조금 떨어진 공터에서 몇 번의 후진과 전진 끝에 겨우 주차했다. 여주는 마른침을 삼키고 종이 가방을 챙겨 내렸다. 형주도 딸기 일손이 필요할 것 같다며 따라나섰다. 여주는 지도 앱이 알려주는 대로 이 차선 건너편에 있는 밭둑길을 가로지르며 걸어갔다. 딸기밭 비닐하우스 앞에 도착하자 여주의 걸음이 멈추었다. 형주가 발을 떼지 못하는 여주에게 슬며시 손을 내밀었다. 조심스레 문을 열고 입구에 들어서자 상큼한 딸기향이 먼저 반겼다. 수확한 딸기 상자가 높이 쌓여 있었다. 오른편의 딸기 선별장은 위생 모자를 쓰고 조리용 입 가리개와 라텍스 장갑을 낀 이주노동자들이 있었다. 형광등 아래서 플라스틱 용기에 딸기를 담아내는 손놀림이 분주했다. 형주가 화장실을 가리키며 손짓하자 여주는 고개를 끄덕였다. 선별장을 지나자 너른 딸기밭이 펼쳐져 있었다. 초록 잎과 하얀 꽃잎 사이로 뻗은 줄기에 올망졸망 달린 딸기가 탐스러웠다. 여주가 새빨간 딸기를 따자 손닿은 부분이 물러져 버렸다. 잘 익은 것이 이토록 연약하다니. 조심스럽게 다뤄야 하는 건 딸기만이 아니었다.

딸기밭에 두건을 쓴 여자가 있었다. 여자는 레일 달린 의자에 앉아 딸기를 따면서 카트를 밀고 갔다. 그 뒷모습을 바라보며 여주는 조심스러운 마음이 들었다. 천천히 다가가 이름을 부르려는데 여자가 고개를 돌렸다. 여주는 어색한 표정으로 시선을 피했지만 이미 수애가 아니라는 것을 확인했다. 여주가 멋쩍게 돌아서는데 두건을 쓴 여자가 의자에서 일어났다.

"수애 만나러 왔어요?"

우리말은 잘했지만 특유의 이국적인 어조가 느껴졌다. 여주는 라텍스 장갑을 벗는 여자에게 고개를 끄덕였다.

"수애가 몸이 안 좋아서 못 만난다고 했어요. 미안해요."

여주는 수애 대신 미안해하는 여자를 쳐다보았다. 만나지 못해 유감스럽고 서운할 만도 한데 그런 마음이 들지 않았다. 여기까지 와야 하는 이유라도 있었던 것처럼. 다만 쓸쓸한 기분이 들었다. 여주가 수애의 근황을 물어보려는데 눈앞에 꿀벌이 나타났다. 하얀 딸기꽃 주위로 잉잉거리며 날아다니는 꿀벌을 피하다가 여주는 생각을 접었다. 여자에게 수애의 안부를 묻지 않은 편이 나을 것 같았다. 여자는 따라오라는 듯이 앞서 걸어 나갔다. 딸기밭 앞에서 형주가 기다리고 있었다. 여자가 선별장으로 들어가더니 딸기 두 상자를 꺼내 들고 왔다.

"선물이라 했어요. 딸기 좋아한다고."

여자의 상냥한 말에 여주는 눈가가 시큰해지는 것을 느꼈다. 그동안 딸기를 좋아한다는 것을 잊고 지냈던 날들이었다. 잊고 지낸 것이 딸기뿐일까. 잊지 않고 기억하는 마음을 헤아리기 위해 되돌아보는 일, 그것이 자신을 돌보는 일이라고 수애가 알려주는 것 같았다. 서로 준비한 선물을 보며 적어도 어떤 기억에 대해서는 수애와 같은 마음이라는 생각이 들었다.

여주는 여자에게 피스타치오 케이크가 든 종이 가방을 건넸다.

"잘 회복하길 바란다고 전해주세요."

여주는 떨리는 목소리를 애써 누르며 말했다. 여자는 고개를 끄덕이며 환한 미소를 지었다. 그러자 수애의 얼굴이 떠올랐다. 언젠가 두 사람은 장미축제가 열리는 대공원에 간 적이 있었다. 가게에서 아이스크림을 사서 나오는데 어린아이가 길 잃은 듯 갈피를 못 잡고 울었다. 수애는 선뜻 아이에게 다가가더니 아이스크림을 주며 달랬다. 여주는 아이의 부모에게 전화를 걸어서

위치를 알려주었다. 곧 아이를 찾아온 부모는 연신 고맙다며 인사했다. 부모의 손을 잡고 가던 아이가 갑자기 뒤돌아 달려오더니 수애를 안았다. 언니 행복하게 살아요, 라고 하는데 순간 울컥했어. 고마워서. 두 손을 흔들며 아이와 헤어진 수애가 말했다. 여주는 수애에게 무슨 말을 했는지 기억나지 않았다. 그날의 햇살처럼 환하게 빛나는 수애의 얼굴을 기억했다.

"언니, 저기 강 따라 드라이브라도 하고 갈까?"
형주가 티맵에 저장된 여주의 집을 누르고 나서 말했다. 왜 그런지 모르겠지만 하늘과 구름과 강변이 어우러진 풍경을 보는 시간이 필요할 것 같았다. 차 한 잔을 마신 듯한 기분을 주는 것이 무용한 것들이었다.
"늦지 않을까?"
여주는 창을 열어 차 안의 갑갑한 공기를 내보냈다. 티맵 도착 시간을 확인한 형주는 고개를 저었다. 곧바로 차는 강을 따라 조성된 강변도로를 타고 달렸다. 도로에 차들이 많지 않아 운전하기가 힘들지 않았다. 형주가 라디오를 켜자 클래식 음악이 나왔다. 잔잔한 선율처럼 강물이 흐르고 여울과 함께 윤슬이 빛나고 있었다. 형주는 쭉 뻗은 도로를 보며 끝없이 펼쳐진 지평선을 보는 듯한 착각이 들었다. 지평선 너머로 가면 나아갈 방향을 찾을 수 있을 것 같은 로망이 들어 액셀을 밟았다. 모처럼 속력을 내며 몰두하는 기분이 나쁘지 않았다. 여주는 차창 너머로 펼쳐진 강 옆으로 외딴섬 같은 하얀 건물에 달린 간판을 보는 순간 멈칫했다. 잠시 스쳐 지나갔지만 분명히 정신병원이었다. 뜻도 없이 가슴이 서늘해졌다. 다시 확인하고 싶지만 그럴 수 없는 노릇이었다. 손가락 하나 까닥할 힘이 없어지더니 눈이 감겼다. 깊이를 가늠하지 못하는 물속에서 헤어 나오지 못하고 가라앉는 기분에 휩싸였다. 심연의 밑바닥에서 헬프 미! 라고 외치는 수애의 눈빛이 잠입했다. 애처롭게 바라는 눈빛이 돌연 슬프게 원망하는 눈빛이 되어 여주를 보고 있었다. 어째서 도와주지 않았던 것인가. 귀를 찌르는 듯한 선율에 여주는 눈을 떴다. 처방 약 없이 몸살이라도 앓은 것 같았다. 후유증처럼 욱신거리고 저린 부분을 들여다보니 죄책감이 짓누르고 있었다. 삶이 버겁고 막막했던 시절, 어렵고 힘든 부분을 해독하다가 덮어 버린 책과 같은 것이었다. 미처 알지 못하고 있던 그것이 이제 손을 뻗으면 닿는 곳에 자리하고 있었다. 그것을 꺼내는 일이 딸기밭에 온 이유인 것 같았다. 여주는 그것을 꺼내 자세히 살펴보고 읽으면서 끝내 수애에게 다다르고 싶었다. 다시 유유히 흐르는 강물의 풍경을 물끄러미 바라보았다. 어딘가에 흩어져 있던 것들이 조금씩 제자리를 찾아가는 것 같았다. 여주와 형주는 제 눈을 사로잡은 풍경에 대해 아무 말을 하지 않았다. 서로에게 주어진 세계의 문을 통과해야만 비로소 입이 열릴 것 같았다.

"언니, 딸기밭에서 꿀벌 봤어?"

형주는 강변도로에서 빠져나와 고속도로를 달리고 있었다. 더는 강변이 보이지 않았다.

"그럼, 봤지."

"난생처음 꿀벌을 가까이에서 본 것 같아."

여주는 약간 흥분한 듯 목소리를 키우는 형주를 흘끗거렸다.

딸기밭의 문턱을 넘어서자 눈앞에 벌이 있었다며 형주가 이야기를 쏟아냈다. 벌은 꽃이 아니라 바닥에 앉아 있었다. 지치지 않고 날아다니는 벌이 가만히 있을 리가 없었다. 죽은 건가 싶어서 가까이 가 보았다. 다행히 벌은 죽지 않고 살아있었다. 그런데 뭔가 좀 이상했다. 검은 바탕에 황색 띠를 두른 배, 잔털로 덮인 가슴, 꽃가루가 묻은 여섯 개의 다리, 그리고 볼록하게 튀어나온 눈이 없었다. 아니, 정확하게 말하면 머리가 없었다. 누군가 완벽하게 머리만 잘라버린 것이었다. 더 당혹스러운 것은 머리가 잘려 없는 데도 몸통은 끊임없이 움직이고 있다는 사실이었다. 벌은 네 다리로 무언가를 매만지는데 집중하고 있었다. 그것은 바로 잘려 나간 제 머리였다. 한 쌍의 더듬이가 달린 동그란 제 머리를 붙들고 벌은 어디론가 날아갔다.

"넌 그걸 다 지켜봤단 말이야?"

형주와 달리 오만상을 찌푸리며 듣고 있던 여주가 물었다.

"응, 경이롭잖아. 언니는 멀찍이 피했겠지. 겁쟁이처럼."

형주가 얕잡는 투로 대꾸하자 여주는 마땅찮은 얼굴로 눈을 흘겼다.

"억울해하지 마. 언니는 내가 동경하는 겁쟁이니까."

형주는 콘솔박스 위에 올린 여주의 팔을 살살 문지르며 말했다. 여주는 그 말의 진의를 알아채지 못해 갸웃거렸다.

"어째서?"

"아무튼, 그래."

형주는 어깨를 으쓱거렸다. 제대로 답을 듣지 못한 여주는 숨을 고르며 생각했다. 끝도 없는 생각이 가지를 치며 점점 뻗어나갔다. 그러다 꿀벌이 무사히 벌집으로 돌아가고, 형주가 더 이상 겁쟁이를 동경하지 않길 바라고 또 바랐다.

"언니, 휴게소에 갈까?"

도로 위에 휴게소 안내 표지판이 보였다.

"가야지. 화장실도 가고 호두과자도 먹을 거야."

형주는 주저하지 않고 휴게소 방향으로 차선을 옮겼다.

"무슨 소리? 국룰은 알감자야."

가볍고 경쾌한 형주의 목소리에 여주가 말갛게 웃었다. 형주는 슬쩍 여주를 보다가 소리 내서 웃었다. 즐거운 기분이 솟구쳤다가 웃음과 함께 이내 사그라졌다. 차가 휴게소로 진입하는 대열에 합류했다. 그러자 언제부터 있었는지 모를 허기가 찾아왔다.

[작가노트]

매순간 현실과 부딪치며 살아가는데 잊히지 않는 것들이 힘이 되어 주는 사실이 경이롭다. 잊지 않고 기억하는 것을 떠올리다 보면 편치 않은 마음이 들 때가 더 많다. 그럴 때마다 읽고 쓰고 고치고 다시 쓰는 일을 하는 누군가에게 전한다. 안녕을 바라는 마음이 지속되길.

토종 씨 우보 씨

임곰용

 '토종'이라는 말이 어울리는 사람이 있을까? 라고 묻는다면, 그런 사람이 있다. 까무잡잡한 면상에 동그마니 자리 잡은 코와 약간 처진 눈두덩, 입술은 도톰하고 입꼬리는 조금 올라가서 언제나 잠잠한 웃음이 걸려있다. 다섯 자가 좀 넘는 키와 큰 손에, 통실한 살집과 근육이 탄탄하다. 말은 없는 편, 짧은 대답과 어깨와 고개, 손을 가볍게 움직이며 긍정과 사양을 표한다. 작지만 탄탄한 체구에서 나오는 간결한 대답과 부지런한 몸짓은, 알뜰하면서도 가을 나락(벼) 냄새 같은 구수한 품위가 있다. 그리고 항상 움직인다. 수족 같은 트럭을 몰거나 마을 공용 트랙터를 끌고 다니며, 논밭을 갈고 거름을 넣는다.

성은 필弼이고 이름은 우복優福이다. 본관은 대흥大興이라는데, 삼팔선 너머 함경도 어디란다. 그래도 대흥 본관이 필 씨가의 큰 집[家]이라고, 동백에서 지방紙榜 꽤나 써 본 노 씨가 말 한 적이 있다. 그런데 동네 사람들은 죄다 우보라 부른다. 성씨는 웬만해서 부를 일이 없어서 그렇다 치더라도, 이름에서 ㄱ 자 하나가 빠졌다. 부르기가 수월한 탓인지 언젠가부터 그리되었다. 생전의 우보 할아버지가 자잘한 역정을 내기도 했다.

'보'가 아이고 '복'! 얼라 이름을 제대로 아이부르고, 동네 사람 다 따라 안하니, 어른들이 이 무에 뽄새고!

아따 행님, '보'나 '복'이나, 글로 쓸 때나 밝히 적으마 되지, 부르는 거로 그라요. 내는 경식이가 갱시기로 산 지가 벌써 몇 년인지도 모린다. 아이요?

고거하고는 다르디. 고거이 경상도 말로 부르는 거이고, 울 아 이름은 글자를 빼고 부르는 거 아이가.

거 참, 알쓰요. 우보 아이고 우복이, 필우복이, 요라마 되지요?

기래, 그래 부르라.

하지만 그때뿐이었다. 정작 당사자인 우보도 별로 신경쓰지 않아서, 동네에서 시나브로 굳어졌다. 또래거나 손위 어른들은 우보, 께름칙한 거리가 있으면 우보 씨라고 부른다. 이제는 동백 서백 합쳐서 다섯밖에 없는 아이들은 우보 아재라 부른다.

동백과 서백 마을을 가로지르는 농로를 따라 숨이 차도록 오르면, 다섯 가구가 살던 바람재가 나오고, 지금은 우보가 논 닷 마지기에 소 두 마리를 치며 홀로 산다. 제 논은 동백 큰들 논 열 마지기까지 합쳐서 열다섯 마지기밖에 없어도, 동백 서백 논 5할은 우보가 짓는다. 꼬부랑 할매 할배들이 태반이라, 땅 놀리기 까끄러운 집은 죄다 우보에게 맡기고 3할을 타 먹는다. 오리 떨어진 운산 병곡댁 할매 밭도 갈아주고 논두렁 꼴도 벤다.

그 때문인지 동네 사람들은 모두 우보를 정중히 대한다. 몇 해 전부터 이장을 하라고 권해도 한사코 손을 내저었다. 성질 괄괄한 정이 할배도 우보에게만은 정중하다. 평상시 같으면 손 아래 이장에게,

야, 정배야. 낼 모래 울 논 좀 갈아라!

이리 말할 것도, 우보 앞에 서면

어이, 우보, 낼 모래 울 논 한번 갈아 줄 수 있는가?

요렇게 변했다. 그래도 단오나 복날 동네잔치가 있으면, 우보도 얼근히 취한 할배들의 안주가 되기도 한다.

참말로 진짜배기다. 진짜 토종 농꾼 아이가. 저거 할배가 얼매

나 야물딱졌노. 전쟁통에 아들 하나 델꼬 이북서 내리와가, 이 골짝서 쌔 빠지게 터 닦았다아이가. 상머슴 매로 일해가, 그래 한 뙈기 두 뙈기 사 모아가 아들 장개 보내고, 손자 봤다 싶으이마, 아들이 월남 가서 그래 되기는 했지만서도.

그거사 사정이 쫌 있다아인교.

머? 빨개이?

행님도 알자네. 우보 저거 아부지가 오죽했으마 핏덩이 두고 지원해가 월남을 갔겠능교. 들어 보이 그때 월남 간 사람 중에 돈 벌로 간 사람도 많지마는도, 제주도하고 이북 출신 자슥들도 많앴다카데요. 거 갔다 오마 고마 뻘건색 쏙 빠지뿐다고. 그때 우보 할배도 심심하마 불리갔자네요. 그리 양반 거치 반듯한 사람을, 뉴스에 간첩에 간 자만 나오마 맨날 지서서 불러쌌코.

그래, 그때는 고치장 뻘건 거마 봐도 숨카뿌던 때라. 요 동네는 전쟁 때 산 사람들 손 탔다고 더했고.

그라이 행님, 그 아들이 맴이 어땠겠십니까. 아부지는 심심하마 지서에 불리가지, 학교 가마 맨날 선생이 호구조사 해쌋치. 계속 그리 살마 어데 가서 면서기도 한 번 못해묵긋고, 앞으로 살 팔자가 얼매나 노랬겠는교. 그라이 고마 전쟁터 가뿌는 기라. 지금 생각하면 얼척없찌. '내 뻘건 색 아이요' 요 말 할라고 목숨 걸어야 되는 거자네. 참말로 얼척엄따.

그래가, 근근이 살아와서 뻘건 색 빼고 참전용사 되마 머하노. 짝다리로 평생 술에 절어 살았는데. 지 수발하니라 온 식구는 다 시뻘거이 익고, 지만 죽어가 시퍼런 국군묘지에 누버 있으마 머 한단 말고.

행님, 와이라노. 술됐는교!

머라카노, 몇 잔 묵도 안했는데. 가마이 있어봐, 우보 너거 아부지 간 지가…

칠 년예.

고마하소 마.

알따, 알따, 우쨌든동, 우보야.

예.

너그 할배 가고, 너거 아부지 챙기니라 니는 장개도 못가고 그랬지마는도, 너거 어무이도 애 무따. 어무이 잘 챙기라.

예.

에헤이, 행님, 고마하라카이. 나오소 담배나 한 대 피소.

정배 아재가 정이 할배 손을 잡아끌고 나간다. 잠깐 동안 어색한 술잔 부딪는 소리만 나다가 갱식이 아재가 쑥쑥하게 말을 꺼낸다.

우옛든동, 이 동백 서백에 너거 할배 손 안 간 땅이 있나. 딱 그 할배에 그 손자인 기라. 니도 농고 졸업하고 그때부터 쭉 농사

마 지째?

예.

그래, 요즘 같은 세상에 이런 사람이 어데 있노. 우보 니가 토종 아이마 누가 토종이고.

글치, 요새 저런 진국이 어데 있노.

그렇치. 하모.

술 오른 할배들이 오지랖 넘치는 맞장구를 짝짝이고 있으면, 우보는 화장실 가는 척 슬그머니 자리를 털고 일어선다. 뒤따라올 말들이 뻔하다. 토종에 진국 우보도 옥에 티 마냥 흠이 있다. 굳이 시비를 따지자면 흠이라 할 수도 없지만, 동네 사람들은 으레 옥 뒤에 티를 만들어 붙였다. 돌아온 정이 할배가 다시 부릉부릉 시동을 건다.

어라, 우보는? 가뿟나?

예, 안 들어 오는 거 보이 갔네예.

우째 오랜만에 회관 왔더마, 가뿟네.

저거 아부지 이야기 듣기가 그슥했겠지요.

머, 아도 아이고…

행님, 듣기 좋은 소리도 아이자네요.

그도 글타, 쯧. 근데 우보 나이가 올해 매치고?

올해 쉰이라 했지 아마?

장개는 안 갈랑가? 그때 그 북한 야시 뒤로 머 없는가?

아따 행님. 북한 아이고 조선족, 조선족이라 캐도 중국 사람이라.

그기 그기지. 어데서 오고가 머가 중요하노. 해처묵고 날른 기 문제지.

그건 글치요. 아 근데 이 코딱지만 한 동네에 뭔 일 있었으마 소문이 벌써 파~하지, 안 그런교?

글치, 그나저나 여자가 있어야 대를 이슬낀데. 쯧.

대는 무슨, 이조시대도 아니고. 우보가 뭐 짜달시리 지킬 가문이 있나. 저거 어무이 잘 챙기고 지 한몸 잘 건사하고 살마 그기 장땡이지. 안 그런교 행님.

에이, 그래도 사람 사는 기 그런가. 새끼 키우는 맛도 있고, 마누라 궁디 뚜디리다 잔소리 듣는 맛도 있는 기지.

그기 마음대로 되마 저래 있겠는교. 고 야시 년 도망간 지 두 해도 안 됐자네요. 동네 논 다 갈아주고 쌔 빠지게 모아 놓은 돈 홀랑 날리뿟는데, 까부린 속이 풀릿겠습니까. 저거 아부지 술값으로 마이 썼다고 해도, 못해도 일억은 될 꺼로? 그리 소 매로 일만 했는데. 글치요?

지 살던 집도 팔아뿌고 저래 바람재 가서 혼자 사는 거 보마 모리겠나. 요양 뱅원 누버 있는 저거 어무이 볼 때마다 맴이 어떻

겠노.

저거 어무이는 우보 장개 들었던 것도 모를끼라.

카마, 그기 더 다행이다. 돌리 생각해 보마, 노망든 사람은 게 안에. 얼라 매로 지 배 골코 아픈 거마 알지, 우사시러븐 거는 모르자네. 식구들마 뱅원비에 치다꺼리에 쌔 빠지는 기지.

그래도 우보는 게안에요. 동백 서백 노는 땅 다 짓고, 트랙터 몰아가 일당 벌고, 모르긴 몰라도 바람재 가고 나서도 돈은 쫌 모았을 끼라. 저거 어무이 병원비는 아부지 월남 용사비 나오는 거로 댄다카고.

그래도 죽은 서방이 마누라 뱅원비는 챙기니 다행이다.

우쨌등가네, 속을 그리 까부리가 새 장개 생각이나 나겠는교.

글켔네.

내 우보한테 갈 때마다 보이, 소마구 옆에 소주뱅하고 막걸리 뱅이 산이라. 근데 신기하제, 술을 그리 묵고도 항시로 일은 척척 이자네요. 짜슥, 머 좋은 거라도 숨카 놓고 묵는가 몰라?

정배 니는 이장이나 되가꼬 말 뽄새가 와 그 모양이고.

와요 행님. 내가 머 없는 말 했는교?

쯧. 니 잘못이라 하기는 그슥하다만, 우쨌든 니 덕에 우보가 그 야시 만낸 것도 사실이자네.

아따 행님. 내가 맻 번을 말했는교. 내가 이야기는 꺼냈지만서도, 뭐 중신을 섰소, 소개비를 받았소. 내는 태석이한테 '우보 장개가고 싶단다. 전화 한 통 넣어봐라.' 이란 기 다라. 태석이야 중신 선 죄로 욕은 들어 묵어도, 돈이라도 받았자네. 내는 우보 장개가서 회관서 잔치할 때 술 한 잔 묵은 기 다라. 그라고, 우보 장가들었을 때는 동네 총각 귀신 하나 없어졌다고 다들 좋아했자네. 안그런교? 그 야시 년이 그리 야무지게 해묵고 날를지, 누가 우째 알았겠는교. 보기에는 참 했자네, 싹싹하고. 안그렁교?

누가 뭐라 하나. 니 잘못 아이라고 안 했나. 그래도 니가 첨 줄을 놨응께, 이 사달에 좀 까끄러븐 맴은 있자네. 아이가?

그거사 그래도, 행님, 그기 내 잘못은 아이다 아인교. 일대 일로 중신 선 것도 아이고.

누가 머라 하나. 내 말은 니가 이장이고 하이, 좀 챙기라고 하는 말 아이가. 말 뽄새 좀 이뿌게 하고.

거 참, 행님. 그거는 동생이 행님 앞에서 까분다고 그란 거 아이요. 그라고, 솔직히 내도 내지만, 말뽄새 하면 울 동네서 행님이 젤 아이요? 예?

정배의 쉰 소리에 정이 할배가 콧방귀를 뀌고 입꼬리도 올라간다.

그래, 니 말도 맞다.

아이고 행님, 우보 걱정은 고마하고 술이나 드입시다. 기왕지

사 그래 된 거, 우짤끼라.

그래, 얼라도 아이고. 지 팔자 대로 살긋지. 남 걱정 매로 씰대 없는 기 없다. 그래도, 니가 이장이자네, 신경 쫌 써라.

아따, 행님! 내 비미(어련히) 알아 할까 봐. 안 그래도 며칠 전에 외지 사람들이 몰리 댕기미 토종 씬가 먼가 찾는다 하길래, 우보한테 가 보라 안했는교. 여자들도 섞기 있고, 혹시 아나, 새장개 갈지.

그래 그래, 고마 술이나 묵자.

갱식이 할배가 가라앉은 막걸리잔에 새끼손가락 넣어 휘휘 돌리니, 다들 따라 휘휘다.

*

우보는 밤부터 비가 많이 와서 새벽 댓바람부터 논물을 보러 다녔다. 응오 아재네 모내기를 끝내자마자 장마가 왔다. 장뜰 논에 동백 서백 서른 마지기 논물을 다 보고 운산 병곡댁 할매 물골도 터주고 오니 아침때가 한창 지났다. 우비를 벗어놓고 툇마루에 올라앉았다. 장독대 갈라진 시멘트 틈으로 잡초가 삐죽삐죽 올라오고 새파랗게 이끼가 끼었다. 마당 끝으로 줄줄이 핀 맨드라미도 잡초 틈에 끼어 옹색하다. 어머니가 요양병원으로 간 후부터는 집안 구석구석이 녹슬어간다. 우중충한 날씨 탓인지 새삼, 응오 아재가 한 말이 떠오른다.

 아무리 자주 씻어도 머시마 혼자 사는 집에는 홀아비 냄시가 진동을 하거등. 그 왜 쿰쿰하이 찐득하니 그런 냄새 있잖애. 젊은 놈이고 늙은 놈이고 똑같애. 근데 그런 집에 여자 옷 하나만 딱 걸리마, 그 냄시가 싹 없어지뿌거등. 희한하제… 그라이 그기 시상 이치인 기라. 남자는 여자하고 살아야 되는 기라. 우보 니도 빨리 색시 구해라. 냄시 난다.

 팔을 들어 코를 킁킁거려 보니 냄새가 나는 것도 같다. 비까지 오니 어째 을씨년한 기운도 장화를 타고 오른다. 배가 고픈 탓이다. 생각을 털고 밥솥에 남은 밥을 푸고 상추 된장을 상에 올렸다. 한술 뜨려 할 때, 오토바이 소리가 났다. 시동이 꺼지고 정배 아재가 대문을 열고 들어선다.

 어이, 인제 밥 묵네?
 예. 논물 보고 온다꼬, 아재도 한술 뜨이소.
 나는 진작 묵었어. 어서 떠.
 예.
 근데 찬이 와 글노. 일은 소 매로 하는 사람이.
 게안습니다.
 이따 울 집 와서 찬 좀 받아 가. 마누라한테 말해 놓으께.

게안습니다.

게안키는 머가 게안에. 반찬 늘마 좋지 뭘 그래.

예.

묵던 밥이나 어서 묵어. 이래서 집에 여자가 있어야 된다니까.

정배 아재가 담배에 불을 붙였다.

할배 돌아가신지도… 보자, 한 10년 됐나?

십오 년예.

아부지는?

사 년예.

그런가? 가마이 있어 보자, 아부지 가고 그다음 해니까, 그라마 어무이 뱅원 간 지도 벌써 세 해째가?

예.

아직 그 뱅원에 있나?

예.

좀 차도가 있나?

맹 똑같지요. 낫는 뱅이 아이다 아입니까.

이구, 혼자 뭔 고생이고.

게안습니다.

게안키는, 그러니까 니도 장개를 가야지. 낼 모래 오십인데 언제까지 혼자 살라고.

그기 맘대로 됩니까. 재주가 없는데.

재주가 뭔 상관이고. 누가 니 보고 미스코리아 델꼬 살라다나. 맘만 묵으면 장개가는 기 뭐 일이가. 아닌 기 아니라, 말 나온 김에 니 함 만내 볼래?

예? 뭘예?

그래, 묵으면서 들어.

우보는 상추를 씹으며 고개를 끄덕였다.

자네도 계속 이래 혼자 살 수는 없자네. 안그래? 태석이 말 들어 보이, 3천이면 델고 온다카데. 베트남, 조선족, 필리핀하고 거, 캄보디아 여자도 있고. 어쩨, 한번 안 볼래? 내가 태석이한테 말해 놓으까?

태석이라면 동백서 자란 네 살 아래 동생이다. 홀어머니와 둘이 살다가 중학교 졸업하고 외지로 나갔다가 몇 해 전에 돌아왔다. 필리핀 여자하고 살고 읍내에 부동산을 차려 놓고 국제결혼 중개도 한다. 가까이 살아도 동네에는 가뭄에 콩 나듯 와서 전단만 붙이고 간다. 우보도 동네 전봇대에 붙은 베트남, 캄보디아, 필리핀, 우즈벡 아가씨 전단을 못 본 건 아니다. 마흔이 넘어가면서 가끔 보던 선 자리도 없어지고, 어머니가 요양병원에 들어간 후로는 아예 마음을 접었다. 하지만, 지난 밤부터 주룩주룩 내린 비 탓이었는지, 때 지난 식은밥 탓이었는지, 슬쩍 마음이 기울었다.

어, 니 대답 없는 거 보이 마음은 있네?

우보는 우적우적 상추를 씹으며 눈만 끔뻑거렸다.

그래, 니도 사내 새낀데, 여자 생각이 없으마 말이 안 되지. 집 있지, 땅 있지, 니 모아 놓은 돈도 좀 있잖에. 맞제?

모아 놓은 돈 이야기에 반짝 정신이 들었다. 얼마 전에 어머니가 잠깐 제정신이 돌아왔다 싶을 때 했던 말이 떠올랐다.

복아, 돈 간수 잘해라. 논도. 너거 할배가 이북서 내리와가 손마디가 다 부르키도록 너무 집 머슴질 해가미, 한 마지기 두 마지기 사 모은 기다. 너거 아부지 월남 가서 그래 되고 마이 날릿어도, 그 땅 파묵고 니하고 내하고 이제까지 산 기다. 술은 쪼매마 묵고. 돈 생기마 저금하고. 낭비는 안 해도 너무 애끼지는 말고. 머시마가 너무 애끼마 좀시러바서 안 돼. 내 정이 할매한테 선자리 하나 봐 노라고 했다. 연락 오마 깨끔케 나가고. 인물 보지 말고, 착하마 된다. 일은 니가 다 하마 되고. 그럴 일이야 없겠지만서도, 베트남 여자는 만내지 말고. 고무실 재식이 알재? 작년에 베트남 여자한테 장가들었는데, 고마 얼라 냅뚜고 도망갔다데. 졸지에 아 딸린 홀애비 됐다카이. 아 까지 놔놓고 도망가는 고런 독한 년이 잘 있기야 하겠냐만, 그래도 조심해서 나쁠 거는 없지. 안 글나.

  정이 할매가 주선한 선 자리는 5년 전에 나갔다가 찻값만 치르고 왔다. 어머니 말 듣고 인물은 자세히 보지도 않았는데, 여자는 착한지 어떤지 알 틈도 없이 자리에서 일어섰다. 도망갔던 고무실 재식이 마누라는 그 이듬해에 다시 돌아왔다. 얼라는 초등학생이 되었고, 엄마와 함께 자가용을 타고 읍내 마트에 자주 나타난다. 그래도 어머니 말대로 조심해서 나쁠 건 없다.

  와 대답이 없노? 태석이한테 말해 놓으까?
  …
  와? 짜슥, 니 나가 몇인데 이래 체면 차리노.
  외국 여자는 쫌 그런데예. 말도 안 되고.
  하이고 짜슥, 걱정도 팔자다. 다 한국말 쪼끔은 한다더라. 조선족도 있고.
  …
  일단 만내 봐라. 싫으마 때리치마 되지. 팽양 감사도 지 싫으마 그만 아이가. 안 글나?
  그건 글치예.
  내가 태석이한테 말해 놓으께. 알겠제? 아, 대답을 해라.

예.

그래, 잘 생각했다. 그라마 내는 간다. 내중에 반찬 받아 가라. 알긋나?

예, 이장님.

갑자기 이장은 무슨, 짜슥.

정배 아재가 대문을 나서는 걸 지켜볼 때만 해도, 우보는 그해 겨울에 장가를 가게 될 줄은 꿈에도 몰랐다. 정배 아재가 가고, 소마구에 다녀와도 비는 그치지 않았다. 하늘을 보니 쉽게 그칠 비가 아니다. 우보는 툇마루에 눕다시피 기대어 소주병을 깠다. 처마끝에서 처적처적 떨어지는 낙숫물을 보며 홀짝이다 보니 취기가 오른다. 정배 아재 말대로 쉽게 갈 장가라면 여적지 있지도 않았을 터다. 그래도 참한 색시를 얻어 트럭에 태워서 들이며 산으로 누비고, 새참도 같이 먹고 살면 더 바랄 게 없을 것 같기는 하다. 열없는 공상을 하고 보니, 손아귀에 갇힌 땅강아지가 헛땅 파는 것 마냥 배꼽이 간질간질하다. 술기운에 가물가물 눈이 감기려는데 전화가 울렸다.

행님, 저 태석입니다.

어? 어. 그래. 웬일이고?

정배 아재한테 전화 왔었습니다.

벌써?

행님, 말 나온 김에 빨리 진도 빼는 기 좋지요. 안 그렇습니까?

아 근데, 그기…

그라마 행님, 우짜실랍니까. 일단 만내가 이야기를 좀 해 봐야 안 되겠습니까? 언제, 사무실로 함 오실랍니까?

아… 그기, 오늘은 좀 그렇고, 낼 가도 되겠나?

되지예 행님. 그라마 낼 언제 오실랍니까. 제 사무실은 아시지예?

어. 낼 점심 묵고 게안나?

예, 행님 점심 잡숫지 말고 오이소. 저하고 식사하면서 이야기하입시다.

어… 그라까.

예. 행님. 그라마 낼 보입시데이.

우보는 일찍 일어나서 아침도 먹는 둥 마는 둥 하고 동백 서백 논물 다 확인했다. 일찌감치 소 꼴도 챙겨 먹이고 제일 멀끔한 옷을 차려입고 읍내로 나갔다. 임야매매, 땅 매매, 촌집, 국제결혼이 나란히 붙어있는 유리문을 열고 들어갔다. 입구 책상에서 컴퓨터를 들여다보고 있던 여직원이 인사를 했다.

안녀하세여.

말끝이 이상해 다시 보니 한국 사람이 아니다.

어떠케 오셔써?

아, 저…

태석이 빈 담배를 물고 파디션 너머에서 얼굴을 내밀었다.

행님. 일찍 오셨네예?

어, 밥 묵자 해서.

와따 행님, 오늘 아가씨 만내는 날도 아인데, 이래 쫙 빼입고 왔습니까?

우보의 얼굴이 확 달아올랐다.

그냥… 함 입어봤다.

아이고 행님. 인물도 확 살고 좋네예. 아, 행님 여는 제 와이픕니다.

아, 안녕하십니까.

예, 반갑씁니다.

여자는 짧게 대답하고 자리에 앉았다.

행님, 이거 제 명함 하나 받으이소.

받고 보니 박태석 실장이다.

실장?

그냥 젤 만만한 거로 했습니다. 사장이라 하기는 좀 송시럽고.

이래 사업하마 사장 아이가?

사장님은 행님이지요. 농사도 크게 짓고, 소도 있고.

그거는 아니고.

허허, 행님, 중국집 예약해 놨습니다. 가서 이야기하입시다.

그래.

둥근 식탁이 놓인 작은 방에 앉자마자 요리가 나왔다.

행님, 낮에 빼갈은 좀 글코, 맥주 한 잔씩만 하까요? 요리에 물만 마시기는 쫌 글찮아예.

어. 그라자.

아이고 요리 식겠다. 일단 좀 드시지예?

태석이가 신소리를 하며 술을 따르고 요리를 떠서 건넸다. 술잔이 한 순배 돌고 팔보채와 탕수육이 비어갈 때 태석이 말을 꺼냈다.

행님, 행님도 이래저래 들은 말도 있으실 거고, 제가 단도직입적으로 말씀드리겠습니다.

어. 그래.

맥주를 들던 우보가 잔을 내려 놓았다.

저희 사무소에서 소개하는 아가씨는 베트남, 캄보디아, 필리핀, 조선족 이래 있습니다. 나이는 20대부터 30대까지라고 보면 되고요. 일단 제가 각 나라 아가씨 사진을 보여드립니다. 그걸로 행님이 나라를 정하면, 일단 그 나라로 갑니다. 가서 고른 아가씨 포함 세 명을 만나 볼 수 있습니다. 그중에 맘에 드는 아가씨 고르면 되고예. 동남아는 중개비, 경비, 신부 측 결혼식비 포함해서 삼천오백이고요, 조선족은 삼천입니다. 신부가 재혼이마 오백씩 깎이고요. 어째 보마 재혼하는 아가씨가 더 좋을 수도 있습니다. 재혼이라 캐도 대부분 서른도 안됐고예, 시근도 더 있고. 뭐 그건 고르는 사람 마음이고예. 신부 측 결혼식비는요, 신부가 정해지마, 그 나라에서 아가씨 친척들 불러서 간단히 식 올리고 한국으로 델꼬 오거든요. 그쪽도 멀리로 딸 시집보내는 거니까 그 정도는 해야됩니다.

그래, 글캤네.

한국 와서 따로 식을 한 번 더 올리든지, 그냥 혼인 신고만 하고 살든지, 그거는 행님이 알아서 하시면 되고요. 뭐, 걱정되시는 부분 있으시면 혼인 신고는 좀 천천히 해도 되고예.

걱정?

뭐, 그런 일이 잘 있지는 않는데요, 한국 국적만 따고 도망가는 여자들이 있거든예. 혼인신고 하면 국적 나오니까. 뭐 저희 사무소는 워낙 철저히 사람을 골라서 그런 일이 없는데, 사람일 또 모르는 거니까 조심하는 것도 좋지요. 뉴스 같은 것 보고 불안하실까 싶어서 말씀드린 겁니다. 걱정하실 필요는 없고예. 정 불안하면 좀 살다가 혼인 신고하고, 통장 비밀번호만 안 가르쳐 주마 됩니다.

아, 그래.

그라고⋯ 아무래도 동남아 아가씨가 좀 젊은 편입니다. 근데 말이 잘 안 되니까 처음에 좀 힘든 거는 있고요. 그라고 행님, 더운 나라 사람들은 우리처럼 부지런하지는 않습니다. 뭐, 말이고 일이고 살살 가르치면 젊으니까 또 금방 배우기는 합니다. 조선족은 말 통하고 부지런한 편이긴 한데, 좀 딱딱한 면이 있고요. 사람마다 다르겠지만 아무래도 공산국가에 살다 보니 쫌 그런 느낌이 있지예.

글나.

행님 취향에 맞게 고르시면 되고요, 현지에 가서 일주일 정도 머물면서 아가씨들 만내 보고 결정하면 됩니다. 뭐 저랑 같이 여행 가서 선 몇 번 본다 생각하시면 되고요. 아, 행님, 여권은 있지예?

어? 아니, 없는데.

뭐 만들마 되지요. 이참에 미리 만들어 놓으이소.

그래.

글고⋯ 조선족도 마찬가지기는 한데, 이야기 잘 되면 비행기

표 끊어 주고 인천으로 불러서 만나도 됩니다. 아, 그리고 결혼하고 한 일이 년 신붓집에 용돈을 좀 보내주는 게 있거든요. 꼭 줘야 되는 건 아닌데, 대부분 그렇게 하더라고예. 사정 따라 하면 되겠지만, 보통 월 이삼십 정도 보내더라고요. 그 정도면 그 나라에서는 도움이 많이 되고예. 만약에, 현지에 가서 다 봐도 맘에 드는 신붓감이 없다, 그러면 경비 천만 원 빼고 나머지 비용은 돌려 드리고요. 행님은 일단 경비만 내고 신붓감 정해지마, 나머지 주셔도 되고예. 대강 요정돕니다. 자세한 일정 같은 거는 나라 결정되면, 그때 제가 다시 안내 드리고예. 행님, 어째, 설명이 제대로 됐는지 모르겠습니다?

어? 어, 됐다.

말은 태석이가 다 했는데, 목은 우보가 탄다. 태석의 말이 끝나자 저절로 손이 맥주잔으로 갔다.

천천히 생각하시면 됩니다. 신붓감 고르는 일인데 신중하게 생각하셔야지요. 돈도 적은 돈도 아니고.

그래, 그렇지.

돈 이야기가 나오니 또 어머니 말이 떠오른다. '간수 잘해라, 외국 여자는 만내지 말고!'

행님, 아가씨들 사진 가져 왔는데, 지금 한 번 보실랍니까? 일단 봐야 마음에 드는지 안 드는지 알 수 있지 않겠습니까?

아… 나는 외국 여자는 말이 안 통해서 좀 그렇고…

그럼 조선족 보면 되지요. 국적은 중국이라도 한국 사람이나 진배없습니다. 대부분 중국말 한국말 둘 다 합니다.

아, 글나.

행님, 그럼 일단 조선족 사진만 보실랍니까?

일단 어머니 말대로 베트남은 피했으니, 그나마 마음이 낫다.

어… 그래.

그렇게, 우보가 고른 사진 속 신붓감이 스물일곱 살 김신자다. 농사에 잠시 짬이 나는 처서處暑 즈음으로 만날 날짜를 잡았다. 고맙게도 태석이 경비도 줄일 겸 인천으로 불러서 만날 수 있도록 주선을 했다. 날짜에 맞춰 인천으로 갔다. 찻집에 들어서는 태석이 뒤로 가무잡잡한 얼굴에 서툴게 화장을 한 여자가 따라왔다. 키는 우보와 비슷하고 시원한 걸음걸이와 오똑한 코에 똥그란 눈이 반짝였다.

행님, 이 분입니다.

아 예. 안녕하십니까. 필우복입니다.

반갑습다. 김신잡니다.

북한 어투가 섞이긴 했어도 분명한 한국말이다.

예, 오시느라 고생 많으싯습니다.

아님다. 여행 오는 것 같고 좋았슴다.

허허, 두 분 잘 어울리시네요. 그럼 말씀 나누시고, 행님, 나중에 연락 주십시오.

어, 그래.

김신자 씨는 아까 말씀드린 숙소에 묵으시면 되고요, 내일 시간 맞춰 공항 가서 비행기 타시면 됩니다.

예, 박 실장님. 잘 알갔슴다.

그럼, 저는 이만 가겠슴다.

차라도 한 잔 하고…

아닙니다. 귀한 시간인데, 제가 방해하면 안 되지요. 두 분 즐거운 시간 되십시오.

총총히 사라지는 태석을 바라보다 차를 시켰다.

먼 길 오니라 피곤치요?

일 없슴다. 진짜 여행 온 기분임다.

아 예, 다행입니다. 성함이…

김신잡니다. 김 신 자. 제 이름이 좀 촌스럽디요?

아니요, 그게 아니고, 제가 제대로 들었나 해서요.

울 외할마이가 지은 이름입니다.

아 예.

울 오마니가 저를 배고 얼마 안 돼서 아버지가 명태잡이 배

사고로 돌아가셨슴다. 그래서 오마니의 오마니, 그러니까 제 외할마이가 늦게 낳은 막내딸 팔자 꼬일까 걱정했슴다. 저를 떼 내고 오마니를 다른데 시집 보내려고 했었담다. 그때는 돈도 없고 남 눈도 무서워 병원은 못갔담다. 그래서 감나무 위에서 뛰어도 보고, 약도 먹어 보고 했는데, 제가 절대로 안 떨어졌담다. 해도 해도 안되니까, 외할마이가 이러다가 딸까지 잡겠다 싶어 포기했담다. 그러면서 한 말이, '카미코[神子]구만. 고저 니 팔자다. 낳아라.' 이랬담다. 외할마이가 외정 때 평양서 소학교를 다녀서 일본말을 곧잘 했담다. 그래서 일본 말 카미코를 조선말로 바꿔서 신자가 됐슴다. 우습디요?

아니요, 아닙니다. 내도 원래 이름이 우복인데, 우리 동네서는 얼라고 어른이고 다 우보라 부릅니다.

그건 어째 그렇슴까?

그게…

우보는 첫 만남부터 마음이 갔다. 신자의 스스럼 없이 싹싹한 마음씨와, 생전 할아버지와 비슷한 말투도 편안하게 들렸다. 신자는 스물다섯에 결혼했고 2년 만에 남편과 사별하고 홀어머니와 산단다. 아이는 없다고 했다. 태석에게 미리 들었지만, 그래도 괜찮냐고 다시 묻는 신자의 말에, 우보는 좋다고 했다. 신자라면 아이가 있어도 좋다고 생각했다. 신자 같이 싹싹하고 젊은 여자가 스무 살이나 더 많은 자기와 살아 준다면, 거기다 자식도 같이 키울 수 있다면, 그것도 좋다고 생각했다. 내 씨면 어떻고 남의 씨면 어떤가. 나락(벼)도 통일벼다 화성벼다 섬진벼다 여러 종자를 심어 봤지만, 결국 종자는 중요하지 않았다. 키우는 사람이 잘 들여다보고 정성을 들이면, 한 만큼 돌아오게 되어있다.

첫 만남 후에 우보는 태석에게 잔금을 보냈다. 한 달쯤 후, 가을걷이를 끝낸 후에는 우보가 연변으로 넘어갔다. 태석의 안내에 따라 신자의 친척들을 몇 명 만나고 다녔다. 사흘 후에는 우보보다 여덟 살 많은 장모님을 모시고 연변의 어느 마당 넓은 집에서 결혼식을 올렸다. 일주일 뒤에는 신자를 데리고 동백리로 돌아와 마을회관에서 잔치를 했다.

신자는 바지런했다. 잔치 다음 날부터 집안을 쓸고 닦았다. 기약 없이 걸려있는 어머니의 옷가지와 짐을 박스에 넣어서 창고에 쌓았다. 도배며 장판을 다시 하고, 오래된 장롱과 가구를 버리고 새 걸로 들이자고 해서 우보는 그러자고 했다. 담벼락이며 대문에 페인트칠도 새로 하고 부엌 싱크대, 화장실 타일이며 변기도 새로 했다. 마당에는 판석을 깔고 잔디도 심었다. 싱크대가 들어오는 날 우보는 신자와 군청에 가서 혼인 신고를 했다. 바지런하게 집을 가꾸는 모습을 보며, 혹시나 하는 마음을 가졌던 게 미안

했다. 신자가 온 지 두 달이 지나자 우보의 집은 다른 집이 되었다. 동네 사람들이 지나며 한마디씩 했다.

아따, 사람 하나 들왔다고 이래 딴 집이 되나?
글네, 이래서 집에 여자가 있어야 된다 안 하나.
머, 그카마 성님하고 내는 여자 아이가? 우들 집은 와 글노?
아인갑지 머. 우리도 젊을 때는 여자였것지.
성님, 내는 아직 여자다.
그래, 니 여자 해라. 집에 가서 꽃 숭구고 뺑끼칠도 쫌 하고, 하이고, 고마 되다.
글체?
우쨌든 우보 좋것네. 색시가 손이 야물어가 인제 잘 살것다.
아도 놓을랑가?
여자가 젊은데 하나 놔야 안되긋나.
글치요?

반년이 되어가도 아이는 생기지 않았다. 우보는 아이가 없어도 좋았다. 들에서 돌아와 신자가 한 맹숭맹숭한 반찬으로 밥을 먹고 TV를 보다 잠드는 것도, 아들을 못 알아보는 어머니를 보러 병원에 같이 가는 것도, 군청 다문화 학교에 신자를 데려다주고 데리고 오는 것도 좋았다. 신자는 다문화 학교에서 한글을 남한 식으로 다시 배우고 인터넷도 배웠다. 한글이고 인터넷 쇼핑이고 금방 잘하게 되어서 택배차가 자주 집에 들렀다.

　모내기 철이 와서 우보가 트랙터를 몰고 온 동네를 누비고 다 닐 때쯤, 신자의 어머니가 위독하다는 소식이 왔다. 우보는 자리 를 비울 수 없어 신자만 다녀오라고 했다. 군 터미널에서 공항으 로 가는 버스에 태워 보낸 신자는, 다시 돌아오지 않았다. 인터넷 뱅킹을 통해 우보가 모아 놓은 돈도 다 빼갔다.

　우보는 태석을 앞세워서 연변으로 날아갔다. 공항 흡연실이 보일 때마다 담배를 태워대던 태석이 참지 못하고 말했다.

　행님, 내 이야기 했자네요. 통장 비밀번호는 갈치 주면 안된다 니까. 부부 간에도 그건 아이지. 내도 우리 마누라한테 안 갈치 주요.

　니 탓은 안한다. 걱정마라.

　연변에도 신자는 없었다. 동네 사람들 말로는 손주와 살던 장 모도 두 달 전에 사라졌다고 했다.

　동백으로 돌아오니 큰들 논에 물골을 트지 않아 논물이 그득했 다. 못자리 논에 가 보니, 더 두면 모가 다 뜰 판이다. 우보는 서둘러 논물을 보고 이앙기를 끌고 다니며 못다 한 모내기를 했 다. 모내기가 끝날 때쯤 집을 내놓았다. 신자 식으로 꾸며놓은 집에서는 더 살 수가 없었다. 싸게 나온 집은 눈 밝은 외지 사람이 옳다구나 채 갔다. 우보는 제 몸 같은 트럭에 어머니의 옷가지와 물건이 담긴 박스를 싣고, 바람재로 들어갔다.

※

  정배 아재 성화에 오랜만에 마을회관에 갔더니, 혹시나가 역시나다. 비가 푸슬푸슬 오니 회관 술판은 저녁때까지 시끄러울 거다. 그나마 싫은 소리 듣기 전에 일어선 게 다행이다. 곧 추석이라 타작이 코앞인데, 나락 덜 여물 걱정은 않고 할배들은 태평이다. 집에 들어서니 빗줄기가 더 굵어진다. 찹찹한 습기에 곱은 손 마디가 묵직해 온다. 숯불에 곱은 손도 쬐고 눅눅함도 없앨 겸 가마솥 방에 군불을 넣었다. 마른 콩깍지 타는 짜자짜작 소리가 소나무 장작 타는 타닥닥으로 바뀌는 걸 들으며 막걸리병을 깠다. 회관에서 주머니에 넣어 온 땅콩으로 홀짝, 아궁이 속 소나무 숯이 알알이 빛나는 걸 쳐다보며 홀짝이는데 대문 두드리는 소리가 났다.
  저기요? 계십니까?
  아, 예. 잠시만요.
  슬리퍼를 꿰어 신고 엉중엉중 뛰어가 대문을 열었다. 대문 밖에는 젊은 꺽다리 남자 하나와 올망졸망한 여자 둘이 우비를 입고 서 있다.

비가 이리 오는데, 무슨 일입니까?

안녕하세요. 이장님 소개로 왔는데요. 저희는 '토종씨 보존회'라고 하는데요. 여기 가면 토종 씨 전문가가 계시다고 해서요.

문득 어제 농협 창고서 만난 정배 아재의 말이 떠오른다.

낼 너거 집으로 사람들 올끼다. 무슨 토종 씨 머시긴데, 연구흰지 뭔지, 머 그 사람들이 토종 토종 해쌌길래 니 만내 보라 했다. 요새 토종이 어데 있냐고 해도 듣도 않고. 너거 어무이가 씨 받아 놓고 숭구던 기 생각나서 가 보라 했다. 니가 아는 거 있으마 좀 갈카 주라. 여자들도 몇 있더라.

제가 뭘 알아야지예.

내는 머 아나. 귀찮으마 대충 말해가 보내삐리. 안 올 수도 있고.

예? 전문가요?

아, 네. 이장님이 이 동네 토종 전문가라고 하시던데요.

거 참… 그거는 아니고요. 그건 그렇고, 비가 이리 오는데, 일단 안으로 들어 오이소.

예, 감사합니다.

뜨락으로 올라선 셋은 비 맞은 참새 마냥 함초롬하다. 가운데 선 여자는 입술이 새파랗다.

쫌 더러버도, 요 방으로 드이소들. 요는 산이라 여름에도 비 오면 썰렁하요.

아닙니다. 괜찮습니다.

우비 벗고 어여 드가이소. 감기 든다. 토종이고 머고 일단 살고 봐야 안 되는교. 마침 군불도 땠고.

아, 네 감사합니다. 안 그래도 쫌 추웠거든요. 그럼, 실례 좀 하겠습니다.

어여 드가이소들. 점심은 잡샀는교?

아, 예. 저희는 먹었습니다. 이렇게 탐종을 다닐 때는 주로 떡이랑 빵 싸서 다니거든요.

꺽다리가 재빨리 대답했다.

날이 이래 냉한데, 그걸로 되는교. 좀 기다리 보소.

아니요, 안 그러셔도…

우보는 대답도 듣기 전에 부엌으로 갔다. 대충 쌀을 씻어 안치고 냄비에 된장을 풀어 시레기를 넣었다. 비오고 으스스할 때는 뜨끈한 국물이 젤이다.

진짜 안 그러셔도 되는데,

여자 하나가 부엌으로 따라오며 말했다.

그래도 내 집 온 손님인데, 내도 점심 묵어야 되니까, 신경 쓰지 말고 방에 가 있으이소.

그럼, 제가 뭐 좀 도울까요?

뭐 짜달시리 할 것도 없어요. 촌집이라 부엌도 솔고.

아, 네. 그럼 뭐 시키실 것 있으면 부르세요.

예.

생각하니, 반찬이라고는 정이 할매한테 얻어 온 김치와 오그랑지(무말랭이) 밖에 없다. 국이 끓을 동안 마당 남새밭에 가서 상추와 고추를 끊었다. 비를 듬뿍 맞아 씹는 맛이 아삭하니 괜찮을 것이다. 몇 장 따다 보니 머리 위로 우산이 받혀진다. 돌아보니 꺽다리다.

저희를 시키지시, 우산도 안 쓰시고.

아, 예. 게안습니다. 찬이 없어서…

안 이러셔도 되는데, 그럼 이건 제가 따서 씻겠습니다.

아, 예. 그람 그라이소.

상을 차려내니 셋이서 맛있게 먹는다. 생각해 보니 바람재로 들어오고 나서는 첫 손님이다. 꺽다리는 얼굴에 아직 솜털이 남은 걸 보니 스물이 좀 넘었겠다. 여자 둘은 서른 중반이나 된 것 같다.

 안 그래도 춥고 좀 힘들었는데, 너무 감사합니다.

 요가 어데라고 걸어옵니까. 차로는 십 분이라도 동백서 걸어마 한 시간은 걸릴낀데. 비도 오고. 요 동네 이름이 바람재라요. 높아가 바람도 이래~ 한 번 쉬고 간다꼬.

 예, 저희가 생각이 좀 짧았어요. 그래도 따뜻한 밥 먹으니 이제 살 것 같습니다.

 김치에 시래깃국 가꼬 뭘 그랍니까.

 아닙니다. 너무 잘 먹었습니다. 방바닥도 따뜻하고, 김치랑 상추도 너무 맛있습니다.

 비 맞아서 연하기는 할낍니다. 여름에는 상추가 젤입니다. 근데, 토종 씨 보존회? 그거는 뭐 하는 겁니까?

 아, 우리 정신 봐. 따시고 배부르니 할 일도 까먹고. 저희는 토종 씨 보존회라고, 일종의 자원봉사 단체인데요. 이렇게 조를 짜서 전국에 있는 토종 씨 수집을 하고 있거든요. 수집한 씨는 특성에 맞게 분류하고, 다시 씨를 늘려서 각 지역에 보급해서 소득으로 만들 수 있는 방안도 연구하고요. 사실상, 요즘은 종자 회사가 독점 형식으로 종자를 보급하니까 종의 다양성이 많이 떨어졌거든요. 이게 굉장히 위험한 일이거든요. 종자가 다양하면 하나가 병들어도 다른 종을 농사짓고 하면 되는데, 종자가 하나면 그 하나가 병들면 다 망하는 거잖아요. 그래서 종자의 다양성을 확보해서 그런 위험을 미리 대비하자, 이런 취지로 저희가 이렇게 다니고 있습니다. 그리고, 원래 씨앗의 주인은 농민이잖아요. 종자 회사가 아니라. 그래서 원래 주인인 농민들에게 종자씨를 돌려주자는 의미도 있습니다. 그래야 종의 다양성도 보존이 되고요.

엄청난 일을 하시는 분들이셨네.

아닙니다. 뜻만 그렇지, 사실 아직 성과가 별로 없습니다. 먹고 사는 일 하느라 여기에만 매달릴 수도 없고, 한 달에 한 번씩 이렇게 다닙니다.

욕봅니다. 근데 요새 농사, 종자 회사하고 기계가 다 짓거등요. 지가 기른 작물 씨 받아가 내년 농사 준비하는 농부가 대한민국에 있겠는교. 혹시 있으마, 그놈은 내 매로 홀애빌 끼라. 요새 그래 농사 지가 굶어 죽기 십상인데, 누가 거 시집을 오겠는교. 안 그런교?

아… 그래도 어디 토종 씨 있을 만한 분 없을까요?

내가 그걸 우째 알겠습니까. 고마, 달달한 커피나 한 잔씩 하고 가소.

그래도…

우보는 대답하지 않고 다시 부엌으로 가서 커피를 타 왔다.

감사합니다. 진짜 죄송한데요, 그래도 어디 토종 씨 가지고 계실만한 분 없을까요?

우보가 꺽다리를 물끄러미 쳐다보다가 말했다.

미안소, 내가 비오고 해서 낮술을 한 잔 했더마, 말이 좀 징상맞았지요?

아닙니다. 저희는 괜찮습니다.

정이 찾고 싶으마 방법이 있기는 해요.

아, 예. 그럼 그 방법을 좀…

도움이 될랑가 모르겠는데, 나도 더 해줄 건 없으이 요고만 듣고 가소.

예, 알겠습니다.

토종 씨를 찾을라마, 돈 안 되는 걸 찾아야 돼요.

예?

큰 농사 짓는 사람들은 토종 종자 없어요. 농사 지가 팔 거는 뺀드그리하게 상품으로 맹글어 키와야 되거등요. 그랄라마 빨리 크고 종자 굵은 거 삐(밖에) 못 써요. 그라이 누가 큰 땅에다 토종 종자를 심겠는교. 얼라 때부터 묵어 본 거, 그런 거 묵고 싶은 사람들이 자기 집 마당이나 남새밭에 쪼매 숭가가 해묵는 기지. 안 그렇겠능교?

아, 예. 그렇겠네요.

그라이 토종 씨 찾을라마, 돈 하고 아무 상관 없는 마당 쪽밭이나 남새밭에 가서 찾는기 젤이라. 옛날부터 하던 대로 씨 받아가 숭구는 할매들도 있거등요. 근데, 요새는 그것도 잘 없어. 곰보 배차고 깨고 정구지고 고추고 옛날 거 씨 받아 놓는 사람이 거진 없어요. 농사 짓는 사람이 씨 귀한 맘은 다 있어도, 요새는 씨 뿌리는 농사 누가 합니까. 다 모종 사가 하지.

그죠. 요즘은 종묘상 없으면 농사가 힘들죠.

그래도 가끔 있기는 있어요. 씨를 못 버리는 농꾼들도 있거등. 근데, 그기 언제부터가 토종인지 우째 알겠는교. 그냥 쫌 오래된 종자다, 요정도 삐 가치가 없을 낀데.

토종이 원래 그런 개념입니다. 인위적으로 개량한 종자가 아니라 자연 발생적으로 유지된 종자면, 시간적으로 오래되지 않아도 그 가치가 있습니다.

뭐 그라마 쪼매 찾아볼 수는 있을끼라.

혹시 누가 그런 씨앗을 가지고 계신지 아십니까?

뭐, 그거는 아니고요. 정확하다고는 못해도, 그 집 마당이나 남새밭 보면 대충 알 수 있거등요.

예? 그게 무슨 말이지요? 종자를 눈으로 확인한다는 말인가요?

아니, 그건 아니고요. 내가 뭐 그걸 본다고 다 토종인지 알지는 못하고요. 그 집이나 밭을 보고 언제부터 키운 종자인지 물어봐야지요.

아, 그렇군요. 근데 어떻게요.

그건 뭐, 촌집은 마당이나 남새밭 보면 집 주인 성격이 나오거등요. 왜, 사람이 밖으로 나돌기 좋아하는 사람 있고, 집에서 가마이 있는 거 좋아하는 사람 있잖아요. 농사도 무조건 돈 되고 수월한 것만 하는 사람 있고, 돈 되는 거 따로 자기가 키우고 싶은 거 따로 하는 사람도 있거등요. 돈 되는 농사는 짓는 기 다 비슷해요. 근데 지 키우고 싶은 거 계속 키우는 사람은, 지만 아는 방법이 있어가, 고대로 짓거등.

그렇겠네요.

그라이, 돈 안 되는 농사 짓는 거는 당연히 마당이나 남새밭에서 지을 끼고, 그중에서도 깨끔하게 정리 잘 된 밭이면 있을 가능성이 더 높지. 종자 씨 받아서 모아놨다가 적기에 뿌리는 기, 그기 보통 정성으로 되는 기 아이거등요. 키워야지, 묵을 거 빼고 종자 받을 거 냉기야지, 씨 받아가 종자 습에 맞게 보관 방법도 마차야지. 생각 해 보이소. 받을 종자가 열 개만 되도 일이 엄청난 기라. 일도 일이지만 요즘 같이 시키마 딱 딱 갔다 주는 시상에, 이거는 마음마 있다고 못하는 일인 기라. 타고난 성질이 그런 성질이 돼야 할 수 있는 일이거등요.

맞습니다. 저희도 해보니까 보통 일이 아니더라구요.

그라이까네, 찾을라마 동네마다 요래… 댕기다가, 담 너머를 보는 기라요. 마당하고 집이 깨끔하고, 남새밭이 똑순이 매로 똑바로 서 있으마, 그 주인을 만내 보는 기라. 그라마 가능성이 있지. 근데, 그런 사람들을 만내도 문제라.

왜요?

생각해 보소, 그리 깨끔한 성질이면, 지한테 그 종자는 하마 중한 종자 아이겠어? 그라이 잘 줄라 하겠어요? 모르긴 몰라도 돈 주고는 못 살꺼러.

그렇겠네요. 그럼 그 종자를 구하려면 어떻게 하는 게 좋을까요?

머, 말을 잘 해야되겠지요. 그… 돈이 문제가 아이다. 이 종자가, 뭐 큰 의미가 있다. 우리나라 농업에, 신토불이에 장차 큰 보탬이 된다. 머 요런 의미로 설득을 해가, 쪼매씩 얻어 내는기 젤일 것 같은데… 근데 그것도 쉽지는 않을 낍니다.

아, 또 왜요?

그 종자 주인들이 다 할매 할배들이자네요. 귀도 어둡고, 노망이 살짝 든 분들도 있을끼고. 막말로, 살날도 얼마 안 남았는데, 나라고 신토불이고 자기하고 뭔 상관이겠는교.

아, 그렇군요.

우보는 남은 커피를 입에 털어넣고 일어섰다.

인자 내 말은 다 했소. 비도 얼추 그친 것 같고, 커피들 다 묵었으마 고마 일라소들.

아, 네 선생님. 오늘 정말 감사합니다.

우보가 대문으로 나서며 말했다.

빨리들 나오소.

예? 아 예.

대문을 나서니 우보가 트럭의 시동을 걸었다.

빨리 타소. 둘은 안에 타고, 꺽다리 총각은 뒤에 타. 단디 잡고.

예? 아니, 괜찮습니다. 저희 걸어가면 됩니다.

또 한 시간 걸어갈 끼요?

꺽다리가 냉큼 짐칸에 올라탔다. 두 여자도 못 이기는 척 차에 올랐다.

꽉 잡아.

고함친 트럭이 푸들푸들 바람재를 내려간다. 골짜기로 뭉실뭉실 안개가 올라온다.

[작가노트]

아홉 번째 '짹'을 세상에 날린다고 했을 때, 그 짹의 모양새가 '지속'이 만들어내는 파열음이라고 들었을 때, 노르웨이 스발바르 제도의 '국제 종자저장소'가 떠올랐다.

새로운 '노아의 방주'라고 불리는 종자저장소는, 그 자체로 멸망을 전제한다. 모든 것이 사라졌을 때, 인간만은 다시 시작할 수 있다는, 폐허와 창조의 전망에서 생겨난 상징. 그것은 마치, 다윈의 진화론적 질서 속에서 생을 유지하면서, 신의 보살핌에 대한 미련을 떨치지 못하는 종이 만들어낸, 사망보험 같은 게 아닌가 하는 생각.

미세한 시간의 파편만을 살아가는 인간이, 어쩌면 영원히 우리를 둘러싼 세계를 조망하는 것조차 불가능할 것 같은 현시점에서, 지켜야 할 것과 스러지게 내버려 두어도 될 가치를 판단하는 것은 가능한 것일까?

그럼에도 불구하고, 부정할 수 없는 실존인 현재의 나는, 짧은 시간의 파편이나마 기록하려 애쓸 뿐이다. 그 일환으로 토종(?)의 실존을 어설픈 문자기호로 남긴다.

평론

지속하는 존재와 집의 의미

김종광

1. 지속과 존재의 집

하루를 산다는 것은 시간의 틀로 생명을 규정하는 것인 동시에 존재의 형상에 지속의 의미를 부여하는 것이다. 어느덧 틀에 박힌 익숙한 시간의 배분과 그나마 위기가 아니면 다행이라며 기꺼이 살아내 줄 것만 같은 할당된 인생들. 이러한 존재의 회의감 속에 참의미를 탐색하거나 기억하는 것은 매우 버거운 일일지도 모른다.

앙리 베르그송(Bergson, Henri Louis, 1859~1941)의 사유를 빌리면[1], 지속한다는 것은 자기동일성을 잃지 않는다는 말이다.

이것은 어떤 존재가 운동을 계속하면서도 자기자신임을 잃지 않고 유지하는 것을 뜻하면서 동시에 타자화의 필연적 만남 속에도 자신의 비결정성을 유지한다는 의미이다. 즉 운동성을 간직한 지속이란 무규정성이나 무원칙성을 의미하는 것이 아니고 필연적인 사태의 큰 수레바퀴 속에서 단순히 결정된 것으로만 존재하는 것도 아니어서, 비약하는 자기자신의 동일성을 항상 유지하는 비결정성을 지닌 상태, 즉 '생生'이라는 자기동일성은 유지하는 비약이라는 것이다. 이 '생의 비약(élan vital, 엘랑비탈)'은 끊임없이 어제의 자신을 넘어서면서도 자기동일성을 유지하면서 새로운 것을 창조해내는 근원적 에너지에 대한 이야기로 이해된다. 어제와 닮은 현재를 살아가는 우리 자기 자신은 모두 이러한 메커니즘과 인지적 불감증 속에서 서글픈 진화를 거듭하는 중인 것이다. 이처럼 베르그송은 철학사에서 우리의 이러한 자기동일성을 확보해 주는 것이 바로 '기억'임을 처음으로 밝혔다.

우리는 분명 어제와 유사한 듯한 자기 존재를 생각하면서도 동시에 어제의 기억을 품은 스스로를, 그리고 더욱 오랜 기억을 응축하고 있는 자기 자신을 익숙하게 받아들이고 있다. 때론 그 기억의 상자가 부지불식간에 열리기도 하여 지난 수년간의 삶을 동시에 짊어지느라, 과거의 시간 속에서 정체된 듯한 현재를 살

---

1) 앙리 베르그송 저, 최화 옮김, 『의식에 직접 주어진 것들에 관한 시론』, 아카넷, 2017, 313쪽.

게 하기도 한다.

　하이데거는 언어를 존재의 집이라 말했다.[2] 이것은 단순히 언어가 인간의 의사전달 도구로서의 기능을 넘어서서 존재가 존재자로 드러나는 방식과 관련되어 있음을 내포하는 말이다. 언어는 존재의 의미를 펼칠 수 있고, 언어 속에서 존재는 세계와의 접촉과 교류를 만들어 나갈 수 있다. 그러므로 언어는 '존재의 집'이 되고 동시에 그 언어라는 '집'에서 존재와 존재는 만나게 되는 것이다. 아울러 문학 작품 속으로 들어온 '집'은 사람과 사람들의 거주 공간이라는 의미를 넘어서고 존재의 삶의 저변을 토대하는 '생'의 에너지가 결집된 장소가 되기도 한다.

　여기에서는 현대시 몇 편과 이용주 감독의 영화 〈건축학개론〉(2012)을 분석하면서, 현대사회를 살아가는 존재들에게 지속의 가치는 어떻게 작동하여 발현되고 있는지 살피고, 다양한 존재자의 기억을 채우고 있는 집의 의미를 탐색하여 오래도록 지난 至難했던 일상의 침묵에 균열을 주고자 한다.

2. 존재에 대한 기억과 공간

　'나'를 기억하고 있는 본인이 자기자신임을 기억해줌으로써,

---

[2] 마르틴 하이데거 저, 전양범 옮김, 『존재와 시간』, 동서문화사, 2020, 669쪽.

'나'라는 존재는 세계 안에서 존재할 수 있고, 그 의미를 탐색할 수 있는 존재의 집도 구성할 수 있다. 사람들에게 시간의 층위가 축적된 공간 중에서 가장 오래도록 응축되고 압축될 수 있는 것이 '집'이라는 건축물이자 마음의 안식처일 것이다. 되짚어 보면 집이 없는 세계를 상상할 수 없고 집에 깃들지 않는 영원한 방황자를 가정하기 어렵다. 집은 이미 물리적, 실체적 존재로서 문학의 여러 장르에서 다양한 의미 요소로 다루어지고 있다.

1) 채워지지 않은 '빈 집'과 잠재하는 '빈 집'

사랑을 잃고 나는 쓰네

잘 있거라, 짧았던 밤들아
창밖을 떠돌던 겨울 안개들아
아무것도 모르던 촛불들아, 잘 있거라
공포를 기다리던 흰 종이들아
망설임을 대신하던 눈물들아
잘 있거라, 더 이상 내 것이 아닌 열망들아

장님처럼 나 이제 더듬거리며 문을 잠그네
가엾은 내 사랑 빈 집에 갇혔네
—기형도, 「빈 집」 전문

위 시에는 사랑을 상실한 '나'와 그 존재가 거처하는 "빈 집"에 대한 이미지를 형상화하고 있다. 화자에게 사랑의 상실은 여러 다양한 사연을 담고 있던 시간과 사물들 그리고 감정들과의 이별을 의미하고 이는 곧 '빈 집'과 '나'의 고립을 의미한다. "짧았던 밤", "겨울 안개", "촛불", "흰 종이", "눈물", "열망"은 화자로 하여금 사랑을 지속할 수 있게 해주던 것들인데, 이들의 상실로 인해 공허해진 내면을 절망과 폐쇄의 공간인 "빈 집"으로 형상화하고 있다. 대상을 잃은 사랑은 더 이상 지속될 수 없고 아무런 사연을 담아낼 수 없는 집은 결국 채워지지 않는 구조물로서 존재의 의미를 상실했으며 사랑을 갈구하는 화자의 진실한 생명의 시간 또한 더 이상 지속될 수 없다.

영화 〈건축학개론〉(2012)에는 남녀 주인공인 두 인물이 처음으로 교감하는 관계로 발전하는 장면에서 낯선 '집'의 존재가 그들 삶의 한 울타리로 들어선다. 자신이 살던 동네 주변을 탐색하라는 대학 과제 때문에 함께 다니던 중 사람이 살지 않는 것으로 보이는 "빈 집"을 우연히 발견하게 되고, 그 생명이 없는 듯한 낡은 공간에서 그들만의 첫사랑이 발아하는 이미지를 보여준다. '서연'은 "빈 집"에서 "가족사진들", "갓등"과 같은 이전 사람들의 흔적들을 발견해 내고, 생명을 다한 듯한 "괘종시계"의 생명의 스위치를 새롭게 작동시킨다. 갓 시작하는 연인과 오래된 물건들. 세월의 흔적이 켜켜이 쌓여있는 먼지 마루 위에서 잠재된 현실태로 존재하는 사물들에 생명의 활기를 불어넣는 인물의 행동은 "빈 집"의 고요를 깨뜨리는 동시에 인물들의 서사와 기억이 이 집의 부활과 함께함을 암시한다. 실제 인물들의 사랑 서사의 단절도 이 '빈 집'의 소멸과 함께 오래도록 생명을 잃게 된다.

2) 생업의 마음과 생성하는 존재

외할머니네 집 뒤안에는 장판지 두 장만큼한 먹오딧빛 툇마루가 깔려 있습니다. 이 툇마루는 외할머니의 손때와 그네 딸들의 손때로 날이날마다 칠해져 온 것이라 하니 내 어머니의 처녀 때의 손때도 꽤나 많이는 묻어 있을 것입니다마는, 그러나 그것은 하도나 많이 문질러서 인제는 이미 때가 아니라, 한 개의 거울로 번질번질 닦이어져 어린 내 얼굴을 들이비칩니다.

그래, 나는 어머니한테 꾸지람을 되게 들어 따로 어디 갈 곳이 없이 된 날은, 이 외할머니네 때거울 툇마루를 찾아와, 외할머니가 장독대 옆 뽕나무에서 따다 주는 오디 열매를 앞으로 먹어 숨을 바로 합니다. 외할머니의 얼굴과 내 얼굴이 나란히 비치어 있는 이 툇마루에까지는 어머니도 그네 꾸지람을 가지고 올 수 없기 때문입니다.

―서정주, 「외할머니의 뒤안 툇마루」 전문

이 시는 현재의 '나'가 외할머니 집의 툇마루를 매개로 어린 시절의 '나'의 경험을 떠올리는 구조를 취하고 있다. 현재의 화자는 화자와 어머니 그리고 외할머니까지 3세대에 걸친 추억을 재구성하여 표현하고 있다. '외할머니네 집 뒤안 툇마루' 건축물은 세대 간 교감의 장소이자 추억의 저장소로서 입체적으로 시간을 재현하여 인물들의 심리적 안정의 공간으로 이미지화하면서 "뒤안, 툇마루, 장독대, 뽕나무, 오디 열매"와 같은 토속적인 소재를 통해 한국적인 정감을 불러일으키고 있다. 즉 보편적 '집'의 연장선에 있는 '외할머니네 집 뒤안 툇마루'는 여러 세대를 거쳐 지속되고 있는 특수적 공간으로서 임의적 특이성을 확보하고 있는 것이다.

> 여인숙旅人宿이라도 국수집이다
> 메밀가루포대가 그득하니 쌓인 웃간은 들믄들믄 더웁기도 하다
> 나는 낡은 국수분들과 그즈런히 나가 누워서
> 구석에 데굴데굴하는 목침木枕들을 베여보며
> 이 산山골에 들어와서 이 목침木枕들에 새까마니 때를 올리고 간 사람들을 생각한다
> 그 사람들의 얼굴과 생업生業과 마음들을 생각해본다
> ―백석, 「산숙山宿」 전문

시 「산숙山宿」은 생업의 힘겨움에 부대끼는 사람들의 체험적 공간으로 '여인숙旅人宿'이라는 건축물을 도입하고 있다. 떠돌이 장사꾼들이 하룻밤 묵고 가는 여인숙은 결코 이질적 존재들의

반복되는 재회를 기약할 수 없지만, 화자는 그들의 일상적 삶에 천착하여 시·공간적 매개 적층물로 "목침"에 집중하고 그것이 연상하게 하는 "그 사람들의 얼굴과 생업生業과 마음들"을 결코 쉽게 보아 넘기지 않는다. 이 사물에 대한 천착과 공동체적 유대감의 깊이를 곱씹게 하는 이 공간의 지속적 가치는 결국 과거를 응축하고 있는 사물의 잠재력과 사물을 바라보는 시인의 시선에 집중해서 살펴야 한다.

영화 〈건축학개론〉(2012)에 '승민'이 '서연'의 옛날 집을 수리하며 새집을 짓는 건축 현장 장면은 '서연'의 낯선 반응으로 '집'의 본질적 의미에 대해 사유하게 한다. 스무 살 대학교 1학년생에서 15년의 세월이 지나 어른 '승민'과 어른 '서연'이 다시 만나면서 과거는 현재와 이어지게 된다. 아니, 응축된 과거는 현재 속에 살아 있게 된다. '서연'의 제주도 옛집을 재건축하는 과정에서 둘 사이 15년 시간의 공백은 부조화의 마찰음을 만들어낸다. 하지만 불쑥불쑥 현재 삶의 틈바구니를 파고드는 살아있는 과거의 기억은 오랜 결락과 단절의 시간을 헛헛하게 비워두지 않고 마치 오래전 응축되어 박제된 관계에 대한 이야기를 큼큼한 감성 속으로 불러들이고 있다.

재건축 중인 오래된 아빠 집을 낯설어하는 '서연'의 감성에는 어릴 때 키를 재고 기록했던 "측벽"의 빗금들과 "다락방"과 같은 비밀장소에서의 쓰라렸던 신체적 흉터 그리고 건강했던 아빠가 4살 딸의 얼굴을 손수 씻어주던 "수도꼭지 기단"과 같이 '집'이라는 건축물에 대한 임의적 선택이 내포되어 있다. 이렇게 공감할 수 없던 재건축에 대한 선명한 입장 차이는 이후 '승민'이 '승민' 어머니와의 '집'과 관련된 추억담을 소환하여 응축된 시간이 현재 속으로 침투하게 될 때, 과거를 "추억"이라는 이름으로 인물의 인지 속에서 재해석될 수 있고 살아있게 됨을 보여줌으로써 사태의 심미적 해결의 실마리를 암시한다.

3. 생활의 흔적과 생명의 집

사람에게 기억될 수 있는 것들과 지속될 수 있는 것은 비슷한 듯 다른 층위를 갖고 있다. 전자는 이미 과거로 분유(分有)된 시간의 조각들이 응축 현상으로 존재하는 무수한 것들에 관한 이야기라면 후자는 응축된 것들이 현재 유유히 생명의 흐름을 조성하고 있는 것에 관한 사유이다. 생활의 일상성에서 이탈한 예외적 상흔과 신체가 꿈꾸는 이상적 집에 대한 설계는 모두 차이와 반복을 지속하며 생명의 '살아있음'을 선연히 인식하게 하는 삶의 유형이다.

1) 환원불가능한 그리고 오래된 '매듭'

인간 삶에서 되돌릴 수 있는 것이 얼마나 있을까. 불가항력적 에너지에 의한 산술적 계산으로 물리적 세계에서 일부 환원가능할 뿐, 생명으로 유지되는 삶에서는 여전히 물음에 부쳐야 할 영역일 뿐이다. 환원불가능은 결국 순간적이고 지극히 현재적인 사건에 대해 집요함을 불러일으킨다. 하지만 생명은 현재의 반복이 아니라 과거, 현재, 미래가 서로 뭉치고 이어져서 서로 밀고 들어가서 과거가 현재로 이어지고 현재가 미래로 이어지는 지속을 유지한다.[3] 이러한 시간의 지속은 응축의 단계를 거치면서 우리의 기억이 된다. 다만 이렇게 저장되는 기억과 물질이 만나는 최전선에는 우리의 '몸'이 있다. 몸은 기억을 통해 어떤 행동을 하고 우리 자신 너머의 물질과 소통하는 창구 역할을 하는 셈이다.

> 라다크 사람들은 자신들의 땅에 속한 사람들이다. 그들은 친밀한 일상의 접촉 관계를 통해 그리고 계절의 변화, 필요한 것들, 한정된 것들 등 환경에 관한 이해를 통해 자신이 살고 있는 곳과 연결되어 있다. 그들은 자신들이 속해 있는 생활의 흐름에 대해서도 잘 알고 있다. 별들이나 해와 달의 움직임은 그들의 일상생활에 영향을 주는 아주 친근한 리듬이 된다.[4]

---

[3] 앙리 베르그송 저, 최화 옮김, 『물질과 기억』, 자유문고, 2017, 12-13쪽.
[4] 헬레나 노르베리 호지 저, 양희승 옮김, 『오래된 미래-라다크로부터 배

라타크의 사람들은 거시적인 안목에서 세계 속의 '나'를 바라본다. 그들은 모두 발 딛는 "땅에 속한 사람들"로 친밀한 일상에서 신체로 접촉할 수 있는 모든 사물과 자연 그리고 천체와의 관계에 대한 이해를 무엇보다 중요시 여긴다. 그들이 혹은 그들을 둘러싼 거대하고 유유한 '생활의 리듬'이 모든 살아있는 자에게 접촉 관계로 상호작용한다는 인식은 시간을 공간화하거나 온전한 하나로 바라보지 못하는 분할의 인식에 경종을 울린다. 과학 문명의 발달이 무수하게 조각낸 물질과 인식의 세계 속에서 우리는 과연 무엇으로부터 평화를 구할 수 있는가.

영화 〈건축학개론〉(2012)의 '승민'의 집 '마루'에서는 집과 존재가 축적하여 온 삶의 환원불가능한 지점에 대한 장면이 있다. 승민의 예정된 미국 유학으로 인해, 그는 33년 국밥을 함께 먹어왔던 그리고 함께 살아왔던 그의 어머니와의 이별에 대한 태도가 제시되어 있다. 승민 어머니에게 국밥은 생계 수단을 넘어선 고착화된 삶의 질서 즉 생활의 오랜 방식이다. 자연스럽게 몸에 체화된 삶의 습성인 국밥은 결코 유리화시킬 수 없는 사물이자 자식에 대한 애정의 열망이 담긴 음식 이미지이다. 미국 유학으로 어머니와 이별해야 하는 승민의 고민에 대해 그의 어머니는 선뜻 모든 것을 헌신적으로 제공할 뜻을 밝힌다. 승민에게 33년의 국

우다』, 중앙일보플러스, 2015, 175쪽.

밥과 함께 '집'의 이미지가 변함없는 삶의 형식적 공간이었지만, 승민 어머니에게는 '집'과 동고동락했던 세월을 응축하는 한 마디 "추억", 즉 지속하는 '생활의 흐름'으로 인식되고 누적된 생애의 건축물이다. 그리고 삶의 고난과 역경으로 고민에 침잠했을 때 찬찬히 얽혀버린 '매듭'을 풀어내듯 삶의 지혜가 살아있는 의식의 생명체 이미지도 갖고 있다.

또 다른 장면에서는 어린 '승민'의 발길질을 통해, '집'이 상처를 있는 그대로 기록하는 방식에 대해 알려주고 있다. 즉 어린 승민의 발길질로 철제 대문에 남은 "찌그러진 자국"을 펴보려 어른 '승민'은 안간힘을 쓰지만, 과거의 시간이 삭제되거나 수정이 불가능하듯이 친밀한 생애의 공간인 집은 그 모든 시간을 응축한 채로 존속한다. 그리고 과거의 시간에 덧대어 대문에 잔뜩 낀 "녹"과 새로운 삶의 흔적을 생성하는 차이와 반복을 거듭한 채 그 오래된 지속함을 보여준다.

2) 미래의 낙서와 살아 있는 생명의 건축

에드워드 S. 케이시는 '우리 집(home)'으로서 집(house)은 "우리의 첫 우주요, 우리의 첫 세계다."라고 하면서 더 광활하고 끝없는 우주에 대한 우리의 감각에 선행한다고 말한다. 그리고 집의 크기가 어떠한지는 여기에 상관이 없다면서 "한낱 오두막이 대저택보다 꿈과 관련한 잠재력에서 더 크면 컸지 결코 못하지 않다."5)라고 주장한다. 이것은 물리적인 건축물인 집이 함의하고 있는 미시적이고 정신적인 가치가 인간 존재의 온전한 생애에 지대한 영향력을 발휘할 수 있음을 강조한다.

 문을암만잡아다녀도안열리는것은안에생활이모자라는까닭이다. 밤이사나운꾸지람으로나를졸른다. 나는우리집내문패앞에서여간성가신게아니다. 나는밤속에들어서서제웅처럼작구만감(減)해간다. 식구야봉(封)한창호(窓戶)어데라도한구석터놓아다고내가수입(收入)되어들어가야하지않나. 지붕에서리가나리고뾰족한데는침(鍼)처럼월광(月光)이묻었다. 우리집이앓나보다그리고누가힘에겨운도장을찍나보다. 수명(壽命)을헐어서전당(典當)잡히나보다. 나는그냥문고리에쇠사슬늘어지듯매여달렸다. 문을열려고안열리는문을열려고.

―이상, 「가정」 전문

이상 시인은 「가정」을 통해 생활인으로서 가정으로부터 단절된 가장의 초라한 자화상을 보여 주면서, 물질적·정신적으로 궁핍한 현실에 대한 간절한 극복 열망을 "문고리에쇠사슬늘어지듯매여"로 표현하고 있다. 문을 열고 들어설 수 있는 평범한 건축물

---

5) 에드워드 S. 케이시 저, 박성관 옮김, 『장소의 운명』, 에코리브르, 2016, 574쪽.

의 이미지에서 출입이 제한된 집 그리고 가정의 외부자로 전락한 화자는 더 이상 소통될 수 없고 지속될 수 없는 존재의 관계로 균열되고, 화자는 기거할 수 있는 안식처와 세계 이해의 토대가 온전히 몰락한 상태에 놓이게 된다.

영화 〈건축학개론〉(2012)의 남녀 주인공들은 '집'과 함께 사랑의 시작과 끝을 맺고 있다. 어린 '서연'은 자신의 생일 선물 대신 자신이 꿈꾸는 미래의 '집의 낙서'를 보여주며 어린 '승민'에게 미래 어느 날 무료로 이 집을 지어달라고 억지를 부리며 본격적인 사랑이 시작된다. 오해와 분노 속에 불측하게 헤어진 인물들이 15년이 지난 현재 다시 만나서 '오래된 집'을 재건축하게 되는 것도 사랑이 중요한 매개 기능을 하고 있다.

서로의 진실한 마음을 몰랐던 과거와 현재가 지속되다가 "낙서 속의 집"을 보게 됨으로써 심연에 남아 있던 앙금의 상흔이 극적으로 해소된다. 이 영화는 집과 모든 스토리가 긴밀히 연결되어 마치 사랑의 완성과 집의 건축이 상당히 닮아있음을 강조하고 있다. 두 인물의 첫 만남이 이뤄지던 지점에 건축학개론이라는 강의가 있었고, 강의 과제를 해결하던 중에 둘의 사랑은 점차 성장하게 된다. 둘의 사랑이 본격적으로 시작될 무렵 "살고 싶은 집의 낙서"가 만들어졌고, 15년의 이별 공백 후에도 여전히 남아 있던 사랑의 앙금이 마지막 장면의 "오래된 집"의 건축과 "낙서

속의 집"의 확인으로 완전히 해소된다. 이 영화는 사람과 사람이 만나 사랑을 시작하고 사랑을 완성해 가는 과정이 물질적·정신적 '존재의 집'을 건축해 나가는 인생의 의미와 상당히 닮아있음을 강조하고 있는 것이다.

4. 살아있는 그리고 살아가는 것

영화 〈건축학개론〉(2012)의 초반부에서 남녀 주인공의 결연의 계기를 제공하는 "강 교수"는 이 영화에서의 건축 의미를 단정적으로 선언한다. "살고 있는 곳"에 대한 관심이 "건축을 이해하는 첫걸음"이라는 말은 자신이 살아가는 동네에 대한 관심이 현재 살아있는 자신의 삶에 대한 반추가 될 수 있음을 강조한다. 그리고 과거와 현재 그리고 앞으로 닥쳐올 미래의 모든 시간과 매일같이 지나치는 사물과 함께 응축된 모든 기억들이 '지금 이 순간'을 인식하는 '나의 초상화'임을 직시하라는 의미로도 읽힌다. 살아있는 그리고 살아가는 생명의 존재로서.

존재 지속의 의미를 '집'에서 시작해 보았다. 생명을 가진 존재로서 집을 나서거나 집으로 돌아오는 생활의 습성을 잊고 살아갈 수 있는 날이 얼마나 있을까. 출발 지점을 잊었거나 도착 지점을 모른다는 생각만으로도 존재는 불안하다. 어디에 기거해야 할지 도무지 가늠이 가질 않는다. 애시당초 생명이 없었다면 모를까 아니 생명에 대한 지각조차 없이 살아간다면 모를까, 위태한 다면적 세계 공간 속에서 내 영혼의 두 다리 뻗어 휴식할 왜꼬아리 분盆만한 공지空地는 도대체 어디에 있을까.6)

우리의 몸은 물질적 차원을 너머 응축된 기억의 저장소이기도 하여 자기 자신임을 잃지 않기 위해서 반드시 기억의 생명과 함께 지속해야 한다. 집은 이러한 개체의 싹들이 자라나는 존재의 숲이자 인식의 건축물이다. 다양한 문학 작품에서 단지 자본만으로 그 크기와 가치를 한계 지을 수 없기에, 존재의 기억과 생명이 집이라는 물질적 울타리 안에서 지속하는 생활의 방식을 구체적으로 살피고자 애썼지만, 집이 온전히 그 자체로 살아있다는 생각을 지울 수 없다.

---

6) 이상의 수필 『조춘점묘』은 1936년 3월 3일부터 26일까지 ≪매일신보≫에 연재된 글인데, 1930년대 이미 자본주의로 물든 일제 강점하의 조선의 경성이 조그마한 공지(空地)의 여유조차 찾을 수 없는 곳으로 전락해 버렸음을 비판적으로 통찰한 글이다.

글자의 운명, 문학이 남기는 흔적
―지속하는 문학이 묻는 것

정훈

1.

시 비평을 업으로 하다 보니 아무래도 시의 가치가 무엇인지 생각하는 일이 여느 사람과는 다를 수밖에 없음을 고백한다. 그렇다고 시 비평가의 눈이 좀 더 정확하다거나 예리하다는 말은 아니다. 동시대 현장에서 꾸준하게 생산되는 시를 읽고 비평을 하면 우리 시대 시의 지평이 어떤 모양새로 어우러지는지 대략 알게 된다. 대체로 청탁을 받은 시집이나 시편을 읽는 편이라, 일부러 시간을 내어 시인들의 작품을 읽기는 여간 어렵지 않다. '문학의 위기'를 오래전부터 말해왔고, 이와 함께 아이러니하게도 인문학 열풍이 드세게 타올랐다. 한쪽에서는 종이 문학의 위기를, 또 다른 쪽에서는 인간문화의 얼개와 줄기를 이루는 인문학 광풍이 들이닥친 역설의 시대를 우리는 지나고 있다. 이 모순되는 현상이 전하는 의미가 무엇인지 곰곰이 생각한다. 삶의 지혜를 고전에서 찾던 시대가 있었다. 지금도 마찬가지다. 그러나 4차 산업혁명이 말해주듯, 언어로 기록된 문학의 실효성의 한계가 두드러진 현대에서 사람들은 문학이 지향하는 가치와 의미를 망각해 버리는 경향이 점점 짙어진다. 스마트폰과 노트북만 있으면 거의 모든 정보를 검색할 수 있다. 이 '편리한' 세상에서 종이 책을 일부러 사면서 읽는 사람이 줄어든 현실은, 역으로 말해 문학의 기능이 그만큼 다양해졌으며 소통방식 또한 더욱 넓어졌다는 의미로 받아들이게 된다.

이러한 시대적 징후에서 우리가 '시'나 '문학'에 접근하는 방식과 아울러, 그러한 문학작품이 현실과 조응하는 방향이 무엇인지 고민하는 자리를 마련하는 것이 이 글의 방향이다. 무크지 『쨉(jab)』이 기획한 주제 '지속'에 관한 청탁을 받고 여러 생각이 스쳤다. 주제가 막연하고 광범위한 데서 비롯하는 난관은 둘째로 치더라도, 이 지속이라는 이름으로 벌어지는 각종 사업이나 문화 프로젝트가 머릿속을 산만하게 두드렸다. 여기에 내가 보탤 말이 무엇이라도 있을까, 하는 자괴감도 없지 않았다. '지속'은 가치개념이 아니다. 하지만 언제부턴가 '지속'이란 낱말에는 우리 사회의 온갖 '위기 담론'을 돌파하거나 헤쳐 나갈 해법이라도 숨어 있는 것처럼 많은 이들이 '지속'이라는 말을 쓰고 있다는 사실을 깨닫는다. '지속 가능한–'이라는 수사가 붙은 문구가 얼마나 많은가. 여기에는 최근 접어들어 팽배해진 문명사회의 위기의식이 도사리고 있다. 각종 고갈, 기근, 재해, 위기, 전쟁, 난민, 오염, 배출 등이 야기하는 세계적인 위기감이 그 해결책을 마련하는 가운데 도출된 방안을 떠받치고 있는 '정신의 분모'가 된 듯한 느낌이다.

이런 흐름에 동참해서 '지속 가능한 문학'이란 말을 쓸 수 있을까. 이 문제를 따져 보기 위해서 필요한 일은 이제까지 문학이 사람들에게 어떤 기능과 영향을 미쳤는지 살피는 작업이다. 근대문학은 일종의 징후였다. 그것은 인간의 한계와 가능성이 무엇인지 캐묻고, 반성하고, 전망을 그리는 일에 지나지 않았다. 지금도 그렇지만 문학작품은 사람들에게 감동 이전에 현실을 반추하는 기능을 도맡는다. '현실이 이렇다'가 아니라 '현실이 어떤가?'란 생각을 불러일으키는 일을 문학이 한다. 여기에는 분노와 절망도 가득하지만, 사랑과 행복으로 가는 조건이나 길도 제시된다. 그리고 인간의 마음이 얼마나 복잡하고 심연의 늪에 잠겨있는지 알게 한다. 이것은 물론 언어를 통해 우리에게 다가오는 거

대한 타자의 표정이기도 하다. 사람들은 진실이 무엇인지 알고 싶어하고, 진리나 이치가 무엇으로 둘러싸여 있는지 궁금해 한다. 문학은 우리에게 그런 물음에 대한 정답을 주지는 않는다. 수많은 시인과 작가들이 다양한 방식으로, 그리고 다양한 언어형식으로 이 세계를 말해 왔다. 그 속에는 한계성을 띤 인간이 한계에 직면해 이를 어떻게 타개하고 받아들이는지 고민의 흔적이 가득하다. 군데군데 웅덩이처럼 빠지곤 하는 인간의 길에서 끝내 길을 잃지 않고 가야만 하는 까닭이 어디에 있는지 제 나름으로 제시하는 것이다.

2.

문학은 언어가 성취할 수 있는 가장 높은 영역의 가치생산 활동이요, 인간이 지금까지 이룩한 언어의 드높은 성채다. 말을 할 수 있다는 것과, 말을 글자로 받아쓸 수 있다는 것은 천양지차다. 전자는 소통의 범주이지만 후자는 소통을 넘어서 창조와 거듭남의 계기를 주는 행위다. 글자의 중요성은 여기에 있다. 글자는 문학 언어로 조합되고 직조될 때 단순히 문자의 기능을 넘어선다. 오래전부터 인간이 '시'를 만들어 내고 창작한 이유가 무엇일까 생각한다. 노래로 불리다가 문자로 정착된 시는 그 전달 매체나 형식이 바뀌었지만, 그 안에 들어 있는 본질적인 기능은 바뀌지 않았다고 본다. 고대인들은 시를 일종의 예언의 기능으로 받아들였다. 시인도 아직 오지 않은 미래에 인간이 어떤 상황에 빠지게 되는지, 그래서 당대의 세계가 다가올 미래를 준비하기 위해 어떤 면모로 놓여 있어야 하는지 읊조렸다. 전쟁과 사랑에 관한 이야기도 물론 빠지지 않았다. 시는 신과 영웅의 서사를 사람들에게 들려줌으로써 고귀한 것과 그렇지 않은 것, 그리고 마땅히 수행해야 할 윤리적 의무와 그렇지 않은 것을 분별했다.

이 같은 기능은 단순하게 시를 교훈의 영역으로 얽어매는 인식을 낳았다. 요즘은 그런 시의 기능보다는 심연에 빠져 허우적거리는 인간의 실존적인 한계 상황과, 이로써 맞닥뜨리게 되는 존재의 굴레를 탐색하는 데 더욱 주력하는 형국을 보인다. 포스트모더니즘은 세계를 인식하는 주체의 시선을 굴절하고 뒤틀면서 중심과 주변의 공고한 경계를 무너뜨렸다. 목소리는 어떤 상황과 맥락이 뒤따르냐에 따라 다성적이 되거나 초점을 일그러뜨린다는 사실을 20세기 후반 문학예술의 흐름에서 제기되었다. 인간과 세계, 주체와 타자, 중심과 주변 등 굳건한 경계로 갈라졌던 이분법적인 존재 이해는 사실상 종언을 고하게 되었다. 포스트모더니즘이나 해체주의가 야기한 탈중심성은 글쓰기의 영역에서 해석의 권력에 대한 비판의식을 심어주기도 하였다.

 기존의 문학 독법이 과연 정당한 것인가, 하는 물음은 문학 글쓰기의 전통적인 형식이 과연 오늘날에도 합당한 것인지에 관한 의문으로 나아간다. 그것은 고전이나 잘 알려진 작품이 제기한 세계 해석을 다양한 각도에서 들여다볼 수 있는 가능성을 안겨다 주었다. 이 점은 그동안 충분히 논의되었다. 이 논의의 타당성 여부는 여기에서 따져볼 수 없다. 우리는 '언어' 자체가 해석을 조건 짓는 틀이나 기반을 이루는 가장 확실한 매개라고 인식하는 경향이 있다. 특히 후기구조주의나 해체주의의 철학적·사회구조적 담론이 횡행했던 지난 1990년대 이후 한국문학은, 특히 시에서는 메시지나 정서의 전달이 주축을 이루었던 이전의 서정시나 리얼리즘을 표방했던 시와는 색다른 작품이 속출하였다. 문학이 은유나 환유적 메시지의 일종이 아니라 '징후'의 일종이라는 인식이 점점 확산되었다. 문학을 징후의 하나요 그 발현이라고 보았을 때 우리 문학은 작가와 무의식에 대한 열풍이 일던 시기와 얼추 맞아떨어진다.

 무의식과 언어의 관계를 정신분석학으로 치밀하게 논증하려 했던 프로이트나 라캉에 대한 재읽기 열풍이 한동안 사그라지지 않았던 정황도 이와 관계가 클 것이다. 사회적으로도 자본주의의 정교한 침투와 변형된 메커니즘은 '인간'의 조건이 마냥 탄탄하지만은 않고, 오히려 세계 전체로 번지는 어떤 '절멸'의 상태를 예감하기도 했다. 특히 요즘 들어 생태계와 관련해서 기후 위기 담론이 부쩍 늘어난 데서 오늘날의 문학이 어떤 방향과 각도로 창작에 임해야 하는지 일러주는 신호로 들리기도 한다. 기후 위기의 시대라고 해서 문학도 기후 위기의 소재를 다뤄야 한다는 말이 아니다. 문학의 소재는 무궁무진하지만, 정작 사회적으로 확산되는 소재를 가져올 때 자칫 놓치게 되는 중요한 부분이 있어서다. 왜냐하면 문학은 소재를 가져와 메시지를 전달하는 매체이긴 하지만, 그 소재와 관련된 메시지가 문학의 전부는 아니기 때문이다.

3.

'지속'은 상태개념이다. 끊이지 않고 꾸준하게 이어지는 의미가 들어 있는 말이다. 문화와 관련해서는 '전통'과 밀접하지만 엄밀하게 말해 다른 뜻을 내포한다. 전통은 형식의 일종이요, 지속은 상태의 일종인 셈이다. 이 지속을 문학에 적용하면 다양한 논의를 끌어낼 수 있다. 특히 시로 좁혀서 말하면 '지속'이 산출하는 시적 방향이나 세계의 얼개를 그려볼 수 있을 것이다. 우리

현대시에 국한해 보자. 근대문학 초창기 때인 일제강점기에 저 악명 높았던 '이식문학론'을 비판했던 주요한 근거가 되었던 것이 조선 후기에 맹아로 발현한 '근대성'이었다. 왕조체제를 떠받쳤던 신분제도가 흔들리고, 농업 위주의 경제에서 상공업 종사자가 점점 많아지면서 자본주의적인 생산관계가 형성되었다. 문학도 이러한 생산력과 생산관계와 무관하지 않게 서민의 감정을 자유롭게 펼칠 수 있는 사설시조와 가사가 널리 창작·생산·소비되면서 정형화된 문학 형식의 틀에 균열이 발생한 것이다.

변혁에 가까운 사회체제의 변동은 문학 제도와 형식의 변화를 가져왔다. 체제가 바뀌고 사람의 인식도 점점 바뀌었다. 자연과 산수山水를 노래하던 시가는 어느덧 현실의 실상과 함께 인간이 누려야 하는 개인적인 권리와 행복, 그리고 체제 비판으로 확장되었다. 이런 과정에서 일제강점기를 거치며 수용된 서구 문예사조의 범람과, 이를 모방한 작품이 대량으로 창작되면서 '문학'의 개념이 새롭게 만들어지고 형성되었다. 문학은 곧 서구문학을 말하게 된 것이다. '문학'이란 단어 자체가 서구 번역어였고, 이러한 문학 개념은 창작자(작가)의 사고방식을 틀 지우는 옥쇄가 되었다. 기존 조선의 '시가'가 서구문학의 '서정시'로 탈바꿈하는 과정에서 형성된 작가 의식은, 서구 지식인들이 20세기에 접어들면서 겪었던 정신적 혼란과 아울러 병폐와 혁명적인 작품세계를 손쉽게 받아들이는 '열린 구조'로 돌변한 것이다.

하지만 당시 피식민지 상황에서 조선의 문인들이 선택할 수 있었던 문학의 세계가 협소했다는 점은 누구나 인정할 것이다. 이들은 기본적으로 '낭만적인' 작가 의식을 소유하고 있었다. 이러한 낭만성은 서구 지식인들이 계몽주의 이후 지성계를 휩쓸었던 낭만주의와는 결을 달리했다. 서구 지식인들에게 낭만주의는 세계를 바라보는 시각의 하나였다. 다시 말해, 이성적이고 과학적인 세계관에서 벗어나 자연을 소박한 감정의 직접적인 분출을 가능하게 하는 대상으로 인식하기 시작한 것이다. 인식보다 감성을 우위에 둔 채 창작된 수많은 낭만주의의 작품에서는 인간의 내면과 감정을 억누르지 않고 고스란히 드러내는 예술창작의 형식이 중요했다. 그것은 세계를 마주 보는 인간의 고귀하고 숭고한 실존의식이기도 했다. 운명이나 전통적인 굴레에도 굴하지 않고 앞서 나아가려는 미학적 인간의 탄생인 셈이다. 그러나 일제강점기 지식인에게 낭만주의는 곧잘 현실 회피의 수단에 지나지 않았다.

더러 수작이 나오기는 했지만, 당시 조선의 문인들이 유토피아로 설정했던 세계는 현실과는 아무런 관련이 없는 '꿈의 세계'였다. 이 세계에는 고통이나 절망, 비극이나 죽음과 같은 부정적인 요소를 건너뛴 상황에서 받아들이는 요소가 전면화되었다. 백조 동인이 추구했던 세계도 바로 이런 세계였다. 이후 백조 동인 중 몇몇은 사회주의 문학 계열인 카프(KAPF)를 결성하거나(박영희, 김기진의 경우) 이상화의 경우처럼 민족문학 계열로 나아가거나, 박종화의 경우처럼 역사를 위주로 한 문학창작의 길로 나아갔다. 이들이 사분오열되면서 각자 자신이 선택한 형식으로 창작의 길을 걸었다. 정도의 차이는 있지만 이들에게 장르는 크게 중요하지 않았다. 한 가지 장르만 고집해서 쓰는 작가는 별로 없었다. 시인은 소설도 썼으며, 소설가는 시도 썼다. 그리고 비평도 마찬가지였다. 이를 두고 장르 분화가 이루어지기 전의 상태였기에 그런 현상이 벌어졌다고 논하는 연구자도 있다. 대부분 이 진단에 동의하고 있다.

문학에서 장르 분화는 '문학' 형식의 분화와 함께 작가 의식이 세계와 대면하는 자리에서 생겨나는 작가의 어조와 세계관에 대한 인식과 관계가 깊다. '한국문학'에서 장르가 분화되는 양상을 보이기 시작한 것이 1910년대부터였으니, 이제는 100년의 시간이 흘렀다. 이를 통시적으로 보면 문학의 장르가 세분화되는 과정이지만, 그 속을 들여다보면 바야흐로 근대문학이 그 정신을 오롯이 드러내는 과정이라고 볼 수 있다.

4.

　근대문학의 정신이 드러나는 게 과연 무슨 의미일까. 근대문학과 글쓰기는 밀접한 상관이 있다. 글쓰기는 개인과 자아의 발견에서 촉발된 문화 양식이다. 글 쓰는 행위는 시간을 분배하고, 노동을 구획 짓고, 범주화된 세계 표면에 균열을 내는 일과 같다. 이 과정에서 자의식이 어떤 모양으로 자리 잡고 있는지 알게 된다. 자의식은 구조의 일종이라는 점과, 개인의 의식은 사회적 의식과 마치 상동 관계를 형성하고 있다는 점이다. 더욱이 프로이트에 와서는 글쓰기가 정신 병리적 징후의 일종일 뿐이라는 논거가 제시되기도 했다. 글쓰기는 징후이며, 동시에 치유라는 점은 오늘날 정신분석학적인 비평의 관점에서는 널리 통용되는 사실이다.

　근대정신의 확립과 확산에 기여했던 근대적 글쓰기가 오늘날에도 사라지지 않은 이유가 무엇인지 생각한다. 글쓰기는 인간이 지금까지 만든 모든 문화 가운데 가장 섬세하고 복잡한 메커니즘의 지배로 이루어진다. 그것은 정신작용이 문자 체계로 전이되는 공정(과정)을 수반한다. 언어가 곧 의식 혹은 마음이라는 말은 보통의 사람들도 받아들이고 이해하는 말이 되었다. 우리나라에 서구문학이 도입되면서 장르 분화가 이루어졌고, 다양한 갈래의 글쓰기를 행하던 작가들이 어느 정도 자신의 전문 분야 하나에 주로 매진하는 글쓰기의 분화 및 정립 이후, 장르 혼합이나 파괴 혹은 장르 경계의 완화가 이루어지는 오늘날에도 '문학적 글쓰기'는 여전히 각광을 받고 있다. 물론 예전처럼 베스트셀러 작가가 꾸준하게 나와서 대중의 인기를 한 몸에 받았던 시대와는 다르다. 대중이 아직도 문학에 열광하고 꾸준히 독자로서 한 작가, 혹은 한 장르에 대한 애정을 쏟는 이유는 문학이 그 무엇을 '지속'하고 있다는 방증이 된다.

상상력이 창작을 추동하는 힘이 됨은 두말해서 무엇하랴. 이러한 상상력은 작가 개인의 체험에서도 비롯하지만, 현실을 통해 현실 너머를 생각하고 유추하는 사고능력에서도 비롯한다. 하지만 상상력이 능사는 아니다. 우리는 상상력이라는 이름으로 작품이 펼치는 현란한 세계를 구성하기도 하지만, 그 재기발랄함과 엉뚱한 언어술은 잠시 관심을 받다가 사라질 운명에 처하는 경우가 많다. 한때 '미래파'가 득실거렸던 적이 있었다. '득실거리다'라는 표현으로 이들을 조롱하거나 비판하는 건 아니다. '미래파 현상'이 마치 한국 시단의 새로운 길이나 방향처럼 너도나도 경도되었기 때문이다. 사실 미래파 시인들의 작품에는 상상력만 가득했을 뿐 현실은 지워져 있었다. 이것은 미래파의 창작 방법에서 연유한다기보다는 미래파에 속했던 시인들의 현실 인식에서 세계를 받아들이거나 수용하는 과정에서 획득되는 인식의 고리가 상당히 약했기 때문에 비롯했다. 미래파 시인의 시 세계를 구체적으로 천착해서 분석을 하지 않은 마당에 쉽사리 일반화할 우려가 없지 않지만, 당시 미래파가 바라본 현실은 피상적이고 주관적이었다. 이들이 전통적인 창작 문법을 깨트리면서 자신들의 시 세계를 추구한 점은 일면 높이 평가받아 마땅하다. 그러나 대안을 제시할 해법이 묘연한 가운데서 이들의 창작은 '팬'들의 열렬한 환호와 응원을 받으면서 자신만의 '상상'과 '현실' 속으로 파고 들어갔다. 더러 난해한 문서 같은 시들이나, 무의식의 깊숙한 곳을 건드리는 듯하면서도 해독이 어려운 난장 같은 작품이 무더기로 쏟아져 나왔다. 지금은 미래파란 이름을 들먹이는 사람은 별로 없지만, 당시 미래파가 알게 모르게 기획하고 설정했던 시의 방향을 넘어 훨씬 앞서간 시를 쓰는 시인들이 속출했다는 사실만 확인하자.

사정이 이렇다고 해서 미래파가 몰락했다거나, 미래파의 기획이 성공하지 못했다고 생각하는 것은 아니다. 우리는 미래파의 등장과 작품 성향에서 글쓰기 측면에서 지속되는 문학의 요소가 무엇인지 생각하게 된다. 결국 문학은 '형식'의 문제가 아니라 '본질'이나 '내용'의 문제와 밀접하다는 사실이다. 오해하지 말아야 할 사실은 내용이나 본질이 문학에서 중요하다고 해서, 그런 요소가 문학의 지속성을 보장하는 것은 아니다. 앞서 말한 문학과 관련한 글쓰기의 문제는 '문학' 자체의 형식과 정신을 이어받기 위한 문제와는 동떨어져 있다는 사실이다. 문학은 결국 현실 세계를 말해야 하고, 말할 수밖에 없지만 글쓰기는 그런 현실과 존재 혹은 세계를 그리는 수단에만 머물지 않는다. 글 쓰는 행위는 인간이 세계 속에서 자신을 성찰하고, 세계를 조망하며, 아직 오지 않은 시간을 미리 곱씹는 행위에 포함되는 실천적인 태도다. 따라서 시인뿐만 아니라 작가의 운명은 곧 작가가 쓰는 언어의 운명에 직결되는 것이다.

시인을 그가 쓴 시와 직결하는 일은 수긍하기 힘들지만, 한편으로 시인의 윤리적 패러다임과 시의 미학적 패러다임은 일치한다고 보아야 한다. 물론 전제는 시인이 '진실되고 정직하게' 시를 쓴다는 전제로 해서 그렇다. 진실되고 정직하게 시를 쓰는 일은 시인으로서 세계를 향해 던지는 실존적인 물음이자 대응 형식이다. 그래서 정직하게 쓴 시를 보면 시인의 삶을 짐작할 수 있다. 시와 시인이 별개가 아니다. 시인이 뱉는 말이 시로써 형상화된다. 그리고 시는 시인이 세계를 향해 던지는 말 자체다. 여기에서 '지속'의 의미가 도출된다. 지속은 가치의 전승이나 전달을 함의하는 말이다. 그런데 어떻게 보면 부정적인 의미도 전혀 없는 건 아니다. '지속'은 변형이나 탈피, 혹은 혁파에 움찔거릴 수밖에는 없는 말처럼 들린다. 물론 그런 역동적인 인식과 사고의 전환이나 탈경계 의식을 포괄하는 지속이면 더할 나위 없다. 무엇을 지속하느냐가 아니라 지속해야 하는 어떤 것이 있느냐의 문제다. 우리에게 중요한 것은 콘텐츠가 아니라 시간과 공간을 점유하면서도 아직 우리에게 되비치지 않은 존재의 가치를 발견하는 일인 셈이다.

글쓰기는 그런 숨겨진 존재의 얼굴을 찾는 행위다. 지금까지 수많은 글이 시인의 손에서, 혹은 다른 장르의 작가 손에서 써졌다. 우리는 '고전'에서 글쓰기의 순금을 찾는다. 이 시대의 고전은 무엇인가. 고전은 다시 새롭게 쓰여야 한다. 잘 팔리는 시집이나 인기를 누리는 시인들은 많다. 하지만 단언하건대 우리 시대 새로운 고전으로서 시는 아직 나오지 않았다. 우리가 미처 보지 못했을 수도 있지만, 아마 전통적인 의미의 고전이 오늘날에는 통용되기 힘들기 때문인지도 모른다. 그리고 고전은 당대뿐만 아니라 세월이 흐른 뒤에 판명 나는 경우가 많기 때문에 섣부른 욕심일 수도 있겠다.

문학의 지속, 혹은 지속하는 문학은 글쓰기의 운명이 무엇인지 거듭 생각하게끔 한다. 단순하게 감동을 주거나 교훈을 심어주기 위해서 그렇다면 문학의 표면만을 바라보는 인식이다. 글쓰기는 인간이 인간으로서 우뚝 서기 위한 최선의 실천이라는 사실을 염두에 두면, 글쓰기를 앞에 둔 시인(혹은 작가)의 마음은 자연 겸허해질 것이다. 이는 자신의 창작 행위가 가져다주는 의미를 올바로 인식했다는 말이며, 자신의 글쓰기가 어떤 운명의 소용돌이에 빠지게 될 것인지 어렴풋이 알았다는 의미이다. 글쓰기가 그리 호락호락하지 않은 까닭이 여기에 있다. 지속하는 문학의 운명을 시인은 미리 알아차려야 한다.

무크지 쨉 9호 작가들

강이나 2020년 ≪국제신문≫ 신춘문예 소설 등단.
rkd611@naver.com

김동하(본명, 김용태) 2012년 ≪광주일보≫ 신춘문예 소설 등단. 소설집 『운석사냥꾼』, 『한산: 태동하는 반격』, 『달고나 여행사』 외. from2sk2@hanmail.net

김미령 2005년 ≪서울신문≫ 신춘문예 시 등단. 시집 『파도의 새로운 양상』, 『우리가 동시에 여기 있다는 소문』.
potzzi@hanmail.net

김미소 2019년 ≪시인수첩≫ 신인상 등단. 시집 『가장 희미해진 사람』. kmiso89@hanmail.net

김종광 2014년 ≪부산일보≫ 신춘문예 평론 등단.
golla7@hanmail.net

김 참 1995년 ≪문학사상≫ 등단. 시집 『초록 거미』 외.
museoros@naver.com

박기행(본명, 박성우) 2022년 ≪실천문학≫ 신인상 등단. 시집 『누항사』. 99harock@hanmail.net

서 유 2003년 ≪경남신문≫ 신춘문예 소설 등단. 2017년 ≪현대시학≫ 신인문학상 시 등단. 시집 『부당당 부당시』.
haechan0@hanmail.net

손화영 2004년 ≪심상≫ 신인상 등단. 시집 『겨울 해바라기』 외.
hy3010@hanmail.net

심규환(본명, 심연우) 2014년 ≪시와사상≫ 신인상 등단.
shimghcj@naver.com

오선영 2013년 ≪부산일보≫ 신춘문예 소설 등단. 소설집 『모두의 내력』, 『호텔 해운대』, 산문집 『나의 다정하고 씩씩한 책장』. greenz45@naver.com

원양희 2016년 ≪시와정신≫ 등단. 시집 『사십계단, 울먹』. lapori01@hanmail.net

이기록 2016년 ≪시와사상≫ 신인상 등단. 시집 『소란』. kirogi@hanmail.net

이미욱 2005년 ≪국제신문≫ 신춘문예 소설 등단. 소설집 『밤이 아닌 산책』 외. w-mioff@daum.net

이은주 2000년 ≪다층≫ 등단. 시집 『긴 손가락의 자립』. gieunju@hanmail.net

임곰용(본명, 임성용), 2018년 ≪부산일보≫ 신춘문예 소설 등단. 소설집 『기록자들』. dragonpost@hanmail.net

정 훈 2003년 ≪부산일보≫ 신춘문예 문학평론 등단. 평론집 『사랑의 미메시스』, 『시의 역설과 비평의 진실』, 시집 『새들반점』. bluejh337@hanmail.net

무크지 쨉(Jab)

편집위원_서유, 우은진, 이기록, 이정임, 정재운
편 집 장_김수원

NEVER STOP-지속

1판 1쇄·2024년 10월 10일
엮은이·무크지 쨉
펴낸이·서정원
펴낸곳·도서출판 전망
주 소·부산광역시 중구 해관로 55(중앙동3가) 우편번호·48931
전 화·051-466-2006
팩 스·051-441-4445
출판 등록 제1992-000005호
ⓒ 무크지 쨉 KOREA
값 15,000원

ISBN 978-89-7973-635-9
jmw441@hanmail.net

*저자와 협의에 의해 인지를 생략합니다.
*이 책 내용의 전부 또는 일부를 재사용하시려면 저작권자와 도서출판 전망
 양측의 동의를 받아야 합니다.
*본 도서는 2024년 부산광역시, 부산문화재단 〈부산문화예술지원사업〉으로
 지원을 받았습니다.